「学ぶ人は、
変えて
ゆく人だ。

目の前にある問題はもちろん、

人生の問いや、社会の課題を自ら見つけ、

挑み続けるために、人は学ぶ。

「学び」で、少しずつ世界は変えてゆける。

いつでも、どこでも、誰でも、

学ぶことができる世の中へ。

旺文社

解答用紙

リスニング解答欄

問題番号	1	2	3	4
例題	①	●	③	
No. 1	①	②	③	
No. 2	①	②	③	
No. 3	①	②	③	
No. 4	①	②	③	
No. 5	①	②	③	
No. 6	①	②	③	
No. 7	①	②	③	
No. 8	①	②	③	
No. 9	①	②	③	
No. 10	①	②	③	
No. 11	①	②	③	④
No. 12	①	②	③	④
No. 13	①	②	③	④
No. 14	①	②	③	④
No. 15	①	②	③	④
No. 16	①	②	③	
No. 17	①	②	③	
No. 18	①	②	③	
No. 19	①	②	③	
No. 20	①	②	③	
No. 21	①	②	③	
No. 22	①	②	③	
No. 23	①	②	③	
No. 24	①	②	③	
No. 25	①	②	③	

第1部：例題〜No.10
第2部：No.11〜No.15
第3部：No.16〜No.25

解答欄

問題番号	1	2	3	4
(1)	①	②	③	④
(2)	①	②	③	④
(3)	①	②	③	④
(4)	①	②	③	④
(5)	①	②	③	④
(6)	①	②	③	④
(7)	①	②	③	④
(8)	①	②	③	④
(9)	①	②	③	④
(10)	①	②	③	④
(11)	①	②	③	④
(12)	①	②	③	④
(13)	①	②	③	④
(14)	①	②	③	④
(15)	①	②	③	④

1

解答欄

問題番号	1	2	3	4
(16)	①	②	③	④
(17)	①	②	③	④
(18)	①	②	③	④
(19)	①	②	③	④
(20)	①	②	③	④
(21)	①	②	③	④
(22)	①	②	③	④
(23)	①	②	③	④
(24)	①	②	③	④
(25)	①	②	③	④

2：(16)〜(20)
3：(21)〜(25)

下段の注意事項をよく読んでからマークしてください。

受験地番号　個人番号

生年月日（西暦）
年　月　日

氏名はひらがなで記入（外国人名はアルファベット（大文字）で記入）

氏名
（氏）
漢字氏名
（名）

電話番号
（下4桁を記入）

受験会場名

年齢
歳

キリトリ線

小学生のための よくわかる 英検®5級 合格ドリル

文部科学省後援

よくわかる

英検®5級

合格ドリル

［4訂版］

旺文社

※本書の内容は、2023年3月の情報に基づいています。
英検®は、公益財団法人 日本英語検定協会の登録商標です。

このコンテンツは、公益財団法人 日本英語検定協会の承認や推奨、
その他の検討を受けたものではありません。

もくじ

英検5級のLESSON

予想問題

全体監修：相田眞喜子
本冊・別冊執筆：株式会社 カルチャー・プロ
本冊・別冊編集協力：株式会社 カルチャー・プロ, 渡邉真理子, Jason A. Chau
装丁デザイン・イラスト：及川真咲デザイン事務所（内津 剛）
本文デザイン：谷口 賢（TANIGUCHI ya Design）
本文イラスト：福々ちえ, 佐藤修一, 有限会社 アート・ワーク
組版・動画制作：株式会社 明昌堂
ウェブサイト制作：株式会社コルテクネ
録音：ユニバ合同会社
ナレーション：Julia Yermakov, Rumiko Varnes, Chris Koprowski, 川崎恵理子

この本の特長と使い方

LESSON 1～13

アプリとウェブ特典ダウンロード音声の
トラック番号です

2次元コードを読み取ると、音声が再生できます

※音声の再生には多くの通信量が必要となるので、Wi-Fi環境
でのご利用をおすすめします。

❶ やってみよう！

各レッスンの1～2ページ目にある問題です。音声を
聞きながら問題にちょう戦しましょう。音声はくり返
し聞いて、声に出して練習すると、より効果的です。

❷ ここがポイント！

各レッスンで学ぶ大事なポイントをやさしく解説して
います。最初にここを読んでからレッスンをスタート
してもよいでしょう。

❸ プチ予想問題にチャレンジ！

1～2ページ目で学習した活動を基に、英検のプチ予
想問題にチャレンジしましょう。

マーク欄のある問題は、本番の試験で解答するように
ぬりつぶしましょう

単語・フレーズ学習

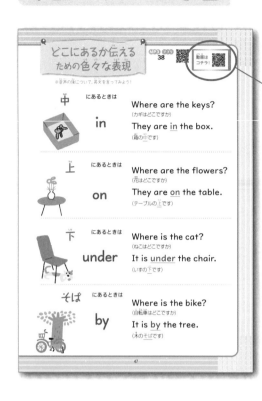

「動画はコチラ！」の2次元コードを読み取ると, このページの復習ができる動画を見ることができます

英検5級によく出る単語・フレーズをテーマごとにまとめています。

音声を聞きながら声に出して意味を覚えましょう。

ひととおり覚えたら, 動画にアクセスしてみましょう。

紙面の内容を復習することができます。

※動画の再生には多くの通信量が必要となるので, Wi-Fi環境でのご利用をおすすめします。

予想問題

巻末に, 本番の英検試験とそっくりな形式のテストを1回分収録しています。どれくらい正解できるか, うで試しをしてみましょう。解き終わったら答えと解説をしっかり読み, できなかった問題は必ず復習しましょう。

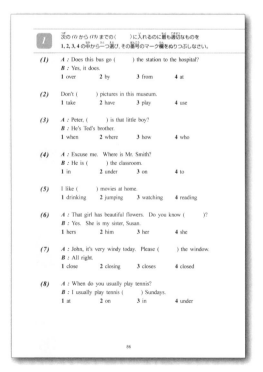

付属のマークシートまたは「自動採点サービス」のオンラインマークシートで解答することができます

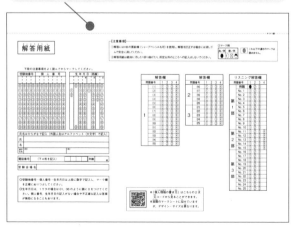

音声について

収録内容

本書の **MP3 アプリ 2** マークや2次元コードが付いているか所は音声を聞くことができます。くり返し再生して練習しましょう。

3つの方法で音声が聞けます！

※これらのサービスは予告なく変更，終了することがあります。

❶ 公式アプリ「英語の友」（iOS / Android）で再生

[ご利用方法]

1. 「英語の友」公式サイトより，アプリをインストール

   （右の2次元コードから読み込めます）

   https://eigonotomo.com　英語の友 🔍　

2. アプリ内のライブラリよりご購入いただいた書籍を選び，「追加」ボタンを押してください

※本アプリの機能の一部は有料ですが，本書の音声は無料でお聞きになれます。
※くわしいご利用方法は「英語の友」公式サイト，あるいはアプリ内のヘルプをご参照ください。

❷ パソコンで音声データをダウンロード（MP3）

[ご利用方法]

1. ウェブ特典にアクセス

   くわしくは，6ページをご覧ください

2. 「音声データダウンロード」から聞きたいパートを選択してダウンロード

※音声ファイルはzip形式にまとめられています。ファイルを展開した上でご利用ください。
※音声の再生にはMP3を再生できる機器などが必要です。ご使用機器，音声再生ソフト等に関する技術的なご質問は，ハードメーカーもしくはソフトメーカーにお願いいたします。

❸ スマートフォン・タブレットでストリーミング再生

[ご利用方法]

MP3 アプリ 2 のそばにある2次元コードを読み込むと，音声が再生されます

※「予想問題」は自動採点サービスを通して，ストリーミング再生をご利用になれます。くわしくは，85ページをご覧ください。
※音声の再生には多くの通信量が必要となるので，Wi-Fi環境でのご利用をおすすめします。

ウェブ特典について

※これらのサービスは予告なく変更,終了することがあります。

アクセス方法

スマートフォン タブレット	右の2次元コードを読み込むと, パスワードなしでアクセスできます!
パソコン スマートフォン タブレット共通	1. ウェブ特典(以下のURL)にアクセスします。 https://eiken.obunsha.co.jp/5q/ 2. 本書を選択し,以下のパスワードを入力してください。 パスワード:hjcfdy ※すべて半角アルファベット小文字

特典内容

(1)自動採点サービス

「予想問題」(86ページ〜)をスマートフォンやタブレット,パソコンからオンラインマークシートで解答すると,結果が自動採点されます。以下のアクセス方法でご利用ください。

[2つのアクセス方法]

➡スマートフォン／タブレット

85ページの2次元コードを読み込んでアクセスし,「問題をはじめる」ボタンを押して試験を始めてください。

➡パソコン／スマートフォン／タブレット共通

「ウェブ特典」にアクセスし,「自動採点サービスを使う」を選択してご利用ください。

(2)音声データのダウンロード

本書の各「LESSON」,「予想問題」,別冊「スピーキングテストまるわかりBOOK」の音声データ(MP3)をダウンロードできます。

(3)スピーキングテスト対策

ウェブ上で,別冊「スピーキングテストまるわかりBOOK」に掲載されている予想問題(別冊8ページ)を体験することができます。また,スピーキングテストの「音読のしかた」や「解答例」も確認できます。

(4)「個人情報の書き方」のダウンロード

「解答用紙」(マークシート)には氏名など受験者の情報を記入する欄があります。その書き方を説明したPDFがダウンロードできます。

英検®受験情報

※2023年3月時点の情報に基づいています。受験の際は，英検ウェブサイト等で最新の情報をご確認ください。
※以下の受験情報は「従来型」のものです。

《申し込み方法》

個人受験：下記いずれかの方法でお申し込みください。

○インターネット（願書不要）…英検ウェブサイトからお申し込みください。

○コンビニ（願書不要）…店頭の情報端末で申し込むと「申込券」が出てくるので，レジで検定料を支払います。

○特約書店（要願書）…特約書店で検定料を払い込みください。「書店払込証書」と「願書」を公益財団法人 日本英語検定協会まで郵送します。

※申し込み方法については変更になる可能性があります。また，個人受験でも団体受験の試験会場で受験できる場合があります。くわしくは英検ウェブサイトで最新情報をご確認ください。

団体受験：学校や塾などで申し込む団体受験もあります。まずは学校や塾の先生に聞いてみましょう。

《検定料》

検定料については英検ウェブサイトをご覧ください。

《お問い合わせ先》

公益財団法人 日本英語検定協会　英検サービスセンター
電話　03-3266-8311　月〜金 9：30〜17：00（祝日・年末年始を除く）
英検ウェブサイト　https://www.eiken.or.jp/eiken/

試験当日は…

いつもどおりの自分で試験に臨もう！
今までがんばってきた自分に自信を持って！

●試験会場には早めに行こう。
●試験かんとくから，問題冊子と解答用紙が配られるよ。
●筆記→リスニングの順番で解くよ。
●問題冊子には書き込みをしてもだいじょうぶ。
●試験中に困ったことがあったら，静かに手を挙げて知らせよう。
●試験かんとくから終わりの合図があったら，えん筆を置こう。

持ち物リスト

□受験票（個人受験の場合のみ）

□筆記用具（HBのえん筆または
　シャープペンシル・消しゴム）

□上ばき（必要な会場のみ）

□うで時計（けい帯電話の使用は×）

英検5級の問題を知ろう！

英検5級の試験は，筆記とリスニングで構成されています。
本書で学習をする前に，それぞれの問題の出題形式を知っておきましょう。

✐筆記 ⏱25分

筆記は，以下の3つのパートで構成されています。

問題	形式	問題数
1	短文の穴うめ問題	15問
2	会話文の穴うめ問題	5問
3	語句の並べかえ問題	5問

1 短文の穴うめ問題

短文または会話文中の（　　　）に入る適切な語句を4つの選択肢から選びます。

---

1 次の (1) から (15) までの（　）に入れるのに最も適切なものを 1, 2, 3, 4 の中から一つ選び，その番号のマーク欄をぬりつぶしなさい。

(1) A : Does this bus go (　　　) the station to the hospital?
B : Yes, it does.
1 over　　　2 by　　　3 from　　　4 at

(2) Don't (　　　) pictures in this museum.
1 take　　　2 have　　　3 play　　　4 use

(3) A : Peter, (　　　) is that little boy?

---

2 会話文の穴うめ問題

会話文中の（　　　）に入る適切な語句や文を4つの選択肢から選びます。

---

2 次の (16) から (20) までの会話について，（　）に入れるのに最も適切なものを 1, 2, 3, 4 の中から一つ選び，その番号のマーク欄をぬりつぶしなさい。

(16) *Boy 1* : (　　　)
Boy 2 : It's not mine. It's Ken's.
　1 Who is this?　　　　　2 Where is the jacket?
　3 What is this?　　　　4 Whose jacket is this?

(17) *Girl 1* : Is that lady your mother?
Girl 2 : No. (　　　) She's our English teacher.
1 I'm not studying.　　　　2 It's in the basket.
3 Her name is Ms. Morris.　4 I don't like science.

---

3 語句の並べかえ問題

あたえられた日本文の意味を表すように，4つの語句を並べかえて英文を完成させ，1番目と3番目にくるものの組み合わせを選びます。

---

3 次の (21) から (25) までの日本文の意味を表すように①から④までを並べかえて 　　 の中に入れなさい。そして，1番目と3番目にくるものの最も適切な組合せを 1, 2, 3, 4 の中から一つ選び，その番号のマーク欄をぬりつぶしなさい。※ただし，（　）の中では，文のはじめにくる語も小文字になっています。

(21) ケイト，寝る時間ですよ。
（ ① for　② time　③ it's　④ bed ）
Kate, [　1番目　] [　] [　3番目　] [　].
1 ①-④　　2 ④-②　　3 ③-②　　4 ③-①

🎵リスニング 約20分

リスニングは, 以下の3つのパートで構成されています。放送は2回くり返されます。

問題	形　式	問題数
第1部	会話の応答文を選ぶ問題	10問
第2部	会話の内容に関する選択問題	5問
第3部	イラストに関する選択問題	10問

第1部 会話の応答文を選ぶ問題

イラストを見ながら会話を聞き, 最後の発言に対する応答として最も適切なものを放送される3つの選択肢から選びます。

第2部 会話の内容に関する選択問題

会話を聞き, その内容に関する質問の答えを4つの選択肢から選びます。会話と質問は放送されますが, 選択肢は問題冊子に印刷されています。

第2部 MP3 アプリ 87～92

No.11 　1 Baseball. 　　　　　2 Soccer.
　　　　　3 Basketball. 　　　4 Dodgeball.

No.12 　1 One. 　　　　　　　2 Two.
　　　　　3 Three. 　　　　　4 Four.

No.13 　1 Next Sunday. 　　　2 March 16th.
　　　　　3 May 6th. 　　　　4 March 6th.

第3部 イラストに関する選択問題

イラストを見ながら英文を聞き, イラストの動作や状きょうを表す英文を放送される3つの選択肢から選びます。

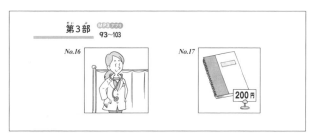

第3部 MP3 アプリ 93～103

No.16　　　　*No.17*
200円

登場人物のしょうかい

本書には, 以下にしょうかいする人たちや動物が登場します。
ケイコ, ユタカ, ジェニーの3人は, とても仲良しです。みんなで, どこに出かけたり,
何をして遊んだりしているでしょうか。いっしょに見ていきましょう。

Keiko ケイコ (日本人の女の子)
10才の小学生で, 横浜に住んでいるわ。
音楽が大好きで, 音楽クラブに入っているの。

Yutaka ユタカ (日本人の男の子)
11才の小学生で, 横浜に住んでいるよ。
サッカークラブに入っていて, サッカーが大好き！

Jenny ジェニー (アメリカ人の女の子)
アメリカから来た10才の小学生。家族といっしょに
横浜に住んでいて, 料理クラブに入っているわ。

Mrs. Clark クラークさん
ジェニーのママよ。ケイコやユタカが遊びに
来てくれると, おいしいおやつを作るわよ。

Cherry and the canaries
私はクラーク家で飼ってもらっている犬よ。
名前はチェリー, 私のとなりにいる3羽のカナリ
アもよろしくね！

英検5級の LESSON

レッスンの進め方

1〜2ページ目

音声を聞き，声に出して答えたり，セリフをまねしたりして楽しく活動に取り組もう。

3〜4ページ目

1〜2ページ目で取り組んだ内容を「ここがポイント！」でおさらいしたら，英検のプチ予想問題にチャレンジしよう。

さあ, これから
レッスンを始めるよ!!
がんばろう!

A a

apple

B b

bike

C c

camera

G g

glass

H h

hamburger

I i

ice cream

M m

milk

N n

notebook

O o

orange

S s

strawberry

T t

table

U u

umbrella

Y y

yogurt

Z z

zebra

動画はコチラ！

D d

desk

E e

egg

F f

fish

J j

juice

K k

koala

L l

lion

P p
pocket

Q q

question

R r
racket

V v
violin

W w

window

X x

xylophone

英語で使われる文字をアルファベットと言うよ。ぜんぶで 26 文字あって，それぞれに大文字と小文字があるんだ。
順番と形のちがいをしっかり覚えておこう！
単語はふつう小文字で書くよ。ただし，人名・地名や曜日・月の最初の文字，文の最初の文字は大文字で書くから注意しよう。

教えて, あなたのこと（1）

名前や年れい, 住んでいる所。自分のことを, たくさん
言ってみましょう。
お友達にも, 聞いてみましょう。

⇒訳は78ページにあります。

やってみよう！1

3

ユタカとジェニーが, 初めて会いました。おたがいに自己しょうかいをしていますよ。2人の
会話と自己しょうかいをいっしょに聞いてみましょう。

ユタカ ：Hello! I am Yutaka. What's your name?

ジェニー：I'm Jenny. Nice to meet you.

ユタカ ：Nice to meet you, too.

ジェニー：I'm from America. How about you?

ユタカ ：I'm from Japan.

I am Yutaka.
I am eleven years old.
I am from Japan.
I live in Yokohama.
I am a student.
I am in the soccer club.

I am Jenny.
I am ten years old.
I am from America.
I live in Yokohama.
I am a student.
I am in the cooking club.

初めて会った人には, きちんと自分の名前や年れい, 住んでいる所などを伝えられるといい
ですね。
ユタカとジェニーのまねをして言ってみましょう。すらすら言えるようになったら, 赤い字
のところを自分のことに置きかえて言ってみましょう。

やってみよう！2

音声を聞いて，質問に答えましょう。答えられたら，☆に色をぬりましょう。答え方が分からないときは，ユタカとジェニーの自己しょうかいを聞き直しましょう。

What is your name? ☆ I am _____.
How old are you?   ☆ I am _____ years old.
Where are you from? ☆ I am from _____.
Where do you live?   ☆ I live in _____.
Are you a student?   ☆ Yes, I am a _____.
What club are you in? ☆ I am in the _____ club.

やってみよう！3　⇒答えは16ページ

だれかの自己しょうかいが聞こえてきますよ。だれの自己しょうかいか分かったら，下の **A** ～ **C** のイラストから，当てはまるものを選びましょう。

I am a boy.

Are you strong?

Yes, I am.

Are you from Japan?

Yes, I am.
I have three friends.
A dog, a monkey, and a bird.

Who are you?

I am _____!

答え

A

B

C

◎このレッスンでは，自分のことを話すときには **I am … .** と言い，相手のことを聞きたいときには **Are you …?** と言うことを勉強しました。

◎**I am** を **I'm** と短く言うこともあります。英検の問題にはどちらの言い方も出てきます。今の気分を伝えるときにも，**I am … .** という言い方をしますよ。

I am hungry.（おなかがすいちゃった）　　**I am sleepy.**（ねむいよぉ）

I am happy.（うれしいなぁ）　　　　　　**I am tired.**（つかれたぁ）

◎**How about you?** は，「あなたは，どうですか」という意味ですね。よく使われるので，覚えておくと便利ですよ。

予想問題にチャレンジ！

✎筆記

（　　）に入るものを 1 ～ 4 から選びましょう。

❶ A :（　　　　　）you Ms. Thomas?

B : Yes, I am.

1 Are　　　**2** Am　　　**3** Be　　　**4** Is

❷ Boy : I'm Terry Jones.（　　　　　）

Girl : I'm Linda Smith.

1 Where are you from?　**2** What's your name?

3 How old are you?　　**4** Are you a student?

❸ Man 1 : Hello．My name is Ken Roberts.

Man 2 : I'm Alex Brown.（　　　　　）

1 I don't like it.　　　**2** You're welcome.

3 Nice to meet you.　　**4** It's over there.

---

①～④を並べかえて, □ の中に入れましょう。1番目と3番目にくるものの組合せを 1 ～ 4 から選びましょう。

選んだ番号をぬりつぶしましょう。

4 私は料理クラブに入っています。

(① am ② in ③ I ④ the cooking club)

1番目		3番目	

.

1 ③—② **2** ④—③ **3** ③—④ **4** ③—①

✏マーク欄
① ② ③ ④

♪ リスニング

イラストを見ながら英文と応答を聞いて, 適切な応答を 1 ～ 3 から選びましょう。

5

MP3 アプリ
6

✏マーク欄
① ② ③

※プチ予想問題の訳

⇒答えは18ページにあります。

✏筆記

1 訳 ▶ A：あなたは, トーマスさんですか。
B：はい, そうです。

2 訳 ▶ 男の子：ぼくは, テリー・ジョーンズです。あなたの名前は, 何ですか。
女の子：私は, リンダ・スミスです。
1 あなたは, どこの出身ですか。　　2 あなたの名前は, 何ですか。
3 あなたは, 何才ですか。　　　　　4 あなたは, 学生ですか。

3 訳 ▶ 男の人1：こんにちは。私の名前は, ケン・ロバーツです。
男の人2：私は, アレックス・ブラウンです。あなたにお会いできてうれしいです。
1 私は, それが好きではありません。　2 どういたしまして。
3 あなたにお会いできてうれしいです。　4 それは, あそこにあります。

4 正しい文 ▶ (I am in the cooking club).

♪ リスニング

5 放送文 ▶ I'm from London. How about you?
1 I'm from Tokyo. 　2 I'm twelve years old. 　3 I'm hungry.
放送文の訳 ▶ 私は, ロンドン出身です。あなたは, どうですか。
1 私は, 東京出身です。　2 私は, 12才です。　3 私は, おなかがすいています。

教えて, あなたのこと (2)

お友達に, 色々と質問してみましょう。
どんな答えが返ってくるでしょうか。

⇒訳は78ページにあります。

MP3 アプリ
7

やってみよう! 1 ⇒答えは20ページ

次の会話は, どの場面から聞こえてくる会話でしょうか。よく聞いて, 下の **A ～ C** のイラストから, 当てはまるものを選びましょう。

1
ジェニー : Do you have any comic books?
ユタカ　 : Yes. I have a lot of them.
ジェニー : Wow!

答え

2
ジェニー : Do you know the story of Cinderella?
ケイコ　 : Of course. I like it very much.
ジェニー : Me, too.

答え

3
ジェニー : Do you have a pet?
ケイコ　 : No, I don't. How about you, Jenny?
ジェニー : I have a dog and three birds.

答え

A

B

C

やってみよう！2 ⇒答えは20ページ

ケイコ, ユタカ, ジェニーの会話に参加しましょう。それぞれの会話の最後の質問に, あなたのことについて答えましょう。

1
ジェニー　：I like chocolate ice cream. How about you, Keiko?

ケイコ　　：I like strawberry ice cream. How about you?

あなた　　：＿＿＿＿＿＿＿＿＿＿＿＿＿＿＿＿＿＿＿＿＿＿＿＿＿ .

2
ユタカ　　：<u>Do you</u> want some tea?

ジェニー　：Yes, please.

ユタカ　　：Here you are. How about you, Keiko?

ケイコ　　：No, thank you.

ユタカ　　：OK. How about you? <u>Do you</u> want some tea?

あなた　　：＿＿＿＿＿＿＿＿＿＿＿＿＿＿＿＿＿＿＿＿＿＿＿＿＿ .

9

やってみよう！3 ⇒答えは20ページ

動物の自己しょうかいを聞いてみましょう。どの動物が話しているのか分かったら, 下の **A** ～ **C** のイラストから, 当てはまるものを選びましょう。

I live in Africa.
I have a black and white body.
I eat grass.

Do you run very fast?

Yes, I do.

Who are you?

I am a ＿＿＿＿＿！

答え

A 　　B 　　C

19

🌸このレッスンでは，レッスン１に続いて，自分のことを言ったり，相手のことを聞いたりする言い方を勉強しました。次の質問に答えてみましょう。

Do you like soccer?

→　Yes, I like soccer. / No, I don't like soccer.

（あなたは，サッカーが好きですか。

→　はい，私は，サッカーが好きです。／いいえ，私は，サッカーが好きではありません）

Do you do your homework after dinner?

→　Yes, I do. / No. I do my homework before dinner.

（あなたは，宿題を夕食の後にしますか。

→　はい，します。／いいえ。私は，宿題を夕食の前にします）

Do you play the piano?

→　Yes, I play the piano. / No, I don't play the piano.

（あなたは，ピアノをひきますか。

→　はい，私は，ピアノをひきます。／いいえ，私は，ピアノをひきません）

🌸**Do you want …?** と，「〜が欲しいですか」とたずねられたときは，欲しい場合には，**Yes, please.** と please を付けて答えましょう。断るときには **No, thank you.** と言いますね。

予想問題にチャレンジ！

筆記

選んだ番号をぬりつぶしましょう。

（　　）に入るものを１〜４から選びましょう。

1　*A :* Lisa, do you have any postcards?

　　B : Yes. I have a（　　　　　）of them.

　　1 lot　　　**2** much　　　**3** some　　　**4** many

マーク欄
① ② ③ ④

2　*A :* I like ice cream.（　　　　　）

　　B : Me, too. I like chocolate ice cream.

　　1 How about you?　　　**2** What is this?

　　3 See you.　　　**4** Thank you.

マーク欄
① ② ③ ④

LESSON 2　やってみよう！1の答え　❶C　❷A　❸B　　やってみよう！2の答えの例　❶「I like chocolate ice cream.」など　❷「Yes, please.」または，「No, thank you.」　　やってみよう！3の答え　C zebra（シマウマ）

20

3 *Boy 1 :* I have many comic books. (　　　　)

　　Boy 2 : No, I don't.

　　1 Is this your book?　　**2** It's rainy today.

　　3 Do you have any?　　**4** Thank you.

選んだ番号を
ぬりつぶしま
しょう。

🖊マーク欄
① ② ③ ④

♪ リスニング

イラストを見ながら英文と応答を聞いて, 適切な応答を **1 ～ 3** から選び
ましょう。

4 MP3 アプリ **10**

5 MP3 アプリ **11**

🖊マーク欄
① ② ③

🖊マーク欄
① ② ③

※プチ予想問題の訳　　　　　　　　　　⇒答えは24ページにあります。

🖊 **筆記**

1 **訳** ▶ A：リサ, あなたは, はがきを持っていますか。
　　　　B：はい。私は, たくさんのはがきを持っています。
　　　　1（a lot of で）たくさんの　　**2** たくさんの, 多量の
　　　　3 いくつかの　　　　　　　　　**4** たくさんの, 多数の

2 **訳** ▶ A：私はアイスクリームが好きです。あなたはどうですか。
　　　　B：私もです。私はチョコレートアイスクリームが好きです。
　　　　1 あなたはどうですか。　　**2** これは何ですか。　　**3** またね。　　**4** ありがとう。

3 **訳** ▶ 男の子1：ぼくは, たくさんのマンガ本を持っています。あなたは, 何冊も持っていますか。
　　　　男の子2：いいえ, 持っていません。
　　　　1 これは, あなたの本ですか。　　　　**2** 今日は, 雨が降っています。
　　　　3 あなたは, 何冊か持っていますか。　**4** ありがとうございます。

♪ リスニング

4 **放送文** ▶ Do you want some green tea?
　　　　1 Yes, please.　　**2** No, I can't.　　　　**3** I'm happy.
　放送文の訳 ▶ あなたは, 緑茶が欲しいですか。
　　　　1 はい, お願いします。　　**2** いいえ, 私は, できません。　　**3** 私は, 幸せです。

5 **放送文** ▶ Do you play the piano?
　　　　1 It's mine.　　　　**2** See you.　　　　**3** No.　I play the violin.
　放送文の訳 ▶ あなたは, ピアノをひきますか。
　　　　1 それは, 私のものです。　**2** またね。　　**3** いいえ。私はバイオリンをひきます。

Nice to meet you.

はじめまして。
どうぞよろしく。

Nice to meet you.

Excuse me.

あの, ちょっと,
すみません。

Excuse me.

Good morning.

朝は,
おはようございます。

Good morning.

Good night.

ねるときは,
おやすみなさい。

Good night.

Thank you.

わぁ, うれしい！
ありがとう。

Thank you.

You're welcome.

いえいえ。
どういたしまして。

You're welcome.

I'm sorry.

しまった！ こわしちゃった。
ごめんなさい。

I'm sorry.

Here you are.

あ, これ。
はい, どうぞ。

Here you are.

That's a good idea.

なるほど。
それは良い考えだ。

That's a good idea.

Sure!

貸してほしいの？
いいよ！

Sure!

Have a good time.

これからパーティーに行くの？
楽しんできてね。

Have a good time.

See you tomorrow.

今日はこれまで。
また明日。

See you tomorrow.

LESSON 3 友達や家族の話をしよう（1）

お友達や, 色々なものについて, 特ちょうや様子を言えるようになりましょう。

⇒訳は79ページにあります。

13

やってみよう！1

ジェニーの家にケイコとユタカが遊びに来ました。ジェニーが, クラークさん（ジェニーのお母さん）にケイコをしょうかいしています。いっしょに会話を聞いてみましょう。

ジェニー	：<u>This is</u> Keiko.　<u>She is</u> ten years old.　<u>She's</u> in the music club.
クラークさん	：Nice to meet you, Keiko.
ケイコ	：Nice to meet you, too, Mrs. Clark.

今度は, あなたがジェニーになったつもりで, クラークさんにユタカをしょうかいしましょう。何と言えばいいでしょうか。音声を聞いて, まねをして言ってみましょう。

ジェニー	：<u>This is</u> Yutaka.　<u>He is</u> eleven years old.　<u>He's</u> in the soccer club.
クラークさん	：Nice to meet you, Yutaka.
ユタカ	：Nice to meet you, too, Mrs. Clark.

やってみよう！2 ⇒答えは26ページ

ジェニーが，ケイコとユタカを自分の部屋に案内しています。どんなことを言っているのでしょうか。下の **A**～**C** のイラストから，当てはまるものを選びましょう。

1

ジェニー ： Welcome to my room.

ユタカ　 ： Oh, <u>your room is</u> nice.

ジェニー ： Thank you.

ユタカ　 ： <u>These pictures are</u> nice, too.

答え

2

ユタカ　 ： <u>Is this</u> a violin?

ジェニー ： No, it isn't. It's a guitar.

ユタカ　 ： <u>Is it</u> yours?

ジェニー ： No. It's my brother's.

答え

3

ケイコ　 ： Your dog is cute! <u>Is it</u> a girl?

ジェニー ： Yes. Her name is Cherry.

ケイコ　 ： And your birds are beautiful! <u>Are they</u> canaries?

ジェニー ： Yes, they are. They are good singers.

答え

A

B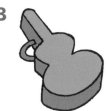

C

やってみよう！3 ⇒答えは26ページ

クイズにちょう戦しましょう。何のことを言っているのか，考えながら聞いてください。
"What is it?" と聞かれたら，声に出して答えを言ってみましょう。

It is a fruit. It is yellow.
It's not a banana.
It is sour, but it's not a grapefruit.

What is it?

It is a ＿＿＿＿＿！

答え

予想問題にチャレンジ！

✎筆記

（　　）に入るものを１〜４から選びましょう。

選んだ番号をぬりつぶしましょう。

① Your house is (　　　　). It has many rooms.

　　1 hot　　　**2** big　　　**3** soft　　　**4** tall

マーク欄
① ② ③ ④

② *Girl 1* : This is a present for you. It's a bag.

　　Girl 2 : (　　　　) Thank you.

　　1 Have a nice day.　　　　**2** I'm tired.

　　3 Wow, it's pretty.　　　　**4** You're welcome.

マーク欄
① ② ③ ④

③ *Mother* : Is that girl your classmate?

　　Girl : Yes. (　　　　) She's my best friend.

　　1 I go by bus.　　　　**2** Over there.

　　3 Her name is Mary.　　　**4** I like shopping.

マーク欄
① ② ③ ④

LESSON 3　やってみよう！2の答え　❶C　❷B　❸A　　やってみよう！3の答え　lemon（レモン）

26

①～④を並べかえて, □ の中に入れましょう。1番目と3番目にくるものの組合せを 1 ～ 4 から選びましょう。

選んだ番号をぬりつぶしましょう。

4 ジムのぼうしは緑色ですか。

(① cap ② green ③ is ④ Jim's)

1番目		3番目	
				?

1 ③―②   **2** ④―③   **3** ③―①   **4** ①―③

♪ リスニング

イラストを見ながら英文と応答を聞いて, 適切な応答を 1 ～ 3 から選びましょう。

5
MP3 アプリ
16

マーク欄
① ② ③

※プチ予想問題の訳 　　　　　　　　　　　　　⇒答えは28ページにあります。

🖊 筆記

1 訳 ▶ あなたの家は, 大きいです。そこには, たくさんの部屋があります。
　　1 熱い　　**2** 大きい　　**3** やわらかい　　**4** 背の高い

2 訳 ▶ 女の子1：これは, あなたへのプレゼントです。かばんです。
　　女の子2：わあ, かわいいです。ありがとう。
　　1 よい一日を。　　　　　　　　　**2** 私はつかれました。
　　3 わあ, かわいいです。　　　　**4** どういたしまして。

3 訳 ▶ お母さん：あの女の子は, あなたのクラスメートなの？
　　女の子：ええ。かの女の名前は, メアリーよ。かの女は, 私の一番仲の良い友達なの。
　　1 私は, バスで行くわ。　　　　**2** あそこよ。
　　3 かの女の名前は, メアリーよ。　**4** 私は, 買い物が好きよ。

4 正しい文 ▶ (Is Jim's cap green)?

♪ リスニング

5 放送文 ▶ Is this your bag?
　　1 No, it's my sister's.　　**2** I'm sleepy.　　**3** Yes, I do.
放送文の訳 ▶ これは, あなたのかばんですか。
　　1 いいえ, 私の姉[妹]のです。　**2** 私は, ねむいです。　**3** はい, します。

27

LESSON 4 友達や家族の話をしよう（2）

あなたのお友達や家族が, どんなものが好きか, いつも
どんなことをしているのか, 色々と話してみましょう。

⇒訳は79ページにあります。

MP3 アプリ 17

やってみよう！1 ⇒答えは30ページ

キッチンにおやつを取りに来たジェニーがクラークさんと話しています。今日のおやつは
何でしょう。また, ジェニー, ケイコ, ユタカの3人とも好きなおやつは何でしょう。

クラークさん ： Do Keiko and Yutaka like ice cream?

ジェニー ： Yes, they do. They like strawberry ice cream.

クラークさん ： Good. I have strawberry ice cream.

ジェニー ： But I like chocolate ice cream.

クラークさん ： Yes, I know. I have chocolate ice cream, too.

ジェニー ： That's great!

クラークさん ： Do you want these doughnuts, too?

ジェニー ： Yes, please. We like doughnuts very much.

1 今日のおやつ

2 3人とも好きなもの

やってみよう！2　⇒答えは30ページ

ジェニーの家族の写真を見ながら話しています。どんなことを話しているでしょうか。音声を聞きながら，正しいものを選んで〇で囲みましょう。

1　ユタカ　：Does your father play (many sports / any sports)?
　　ジェニー：Yes. He (play / plays) baseball very well.

2　ユタカ　：Does your brother play (the violin / a violin)?
　　ジェニー：No, he (does / doesn't). He (play / plays) the guitar and
　　　　　　the piano.

やってみよう！3　⇒答えは30ページ

次はなぞなぞにちょう戦です。何のことを言っているのか，考えながら聞いてください。
"What is it?" と聞かれたら，声に出して答えを言ってみましょう。分かるでしょうか。

It has many teeth.
It has black and white teeth.
It has a big body.
You see it in the music room.

What is it?

It is a ＿＿＿＿＿!

答え

🌀 相手や, 自分, それ以外の人のことを聞いたり, 伝えたりできるようになりましたか。

Do you like soccer? → Yes, I like soccer. / No, I don't like soccer.

(あなたは, サッカーが好きですか。

→ はい, 私は, サッカーが好きです。／いいえ, 私は, サッカーが好きではありません)

Does she like music? → Yes, she likes music. / No, she doesn't like music.

(かの女は, 音楽が好きですか。

→ はい, かの女は, 音楽が好きです。／いいえ, かの女は, 音楽が好きではありません)

🌀 2人以上のことを伝えるときは, 次のようになることも確認しておきましょう。

Do Terry and Lisa like music?

→ Yes, they like music. / No, they don't like music.

(テリーとリサは, 音楽が好きですか。

→ はい, かれらは, 音楽が好きです。／いいえ, かれらは, 音楽が好きではありません)

イチ 予想問題にチャレンジ!

✎筆記

選んだ番号を
ぬりつぶしま
しょう。

(　)に入るものを 1 ～ 4 から選びましょう。

❶ My sister often (　　　　) some comic books at that bookstore.

1 plays　　　**2** drinks　　　**3** closes　　　**4** buys

✎マーク欄
① ② ③ ④

❷ Ben and John are brothers. (　　　　) like baseball.

1 He　　　**2** They　　　**3** She　　　**4** You

✎マーク欄
① ② ③ ④

①～④を並べかえて, ☐☐☐ の中に入れましょう。1番目と3番目にくるものの組合せを 1 ～ 4 から選びましょう。

❸ 私の父は朝6時に起きます。

(① gets　② at six　③ my father　④ up)

```
 1番目        3番目
[    ][    ][    ][    ] in the morning.
```

1 ③—①　　　**2** ②—①　　　**3** ③—④　　　**4** ②—③

✎マーク欄
① ② ③ ④

LESSON 4　やってみよう! 1の答え ❶ ストロベリーアイスクリーム, チョコレートアイスクリーム, ドーナッツ ❷ ドーナッツ
やってみよう! 2の答え ❶ any sports, plays ❷ the violin, doesn't, plays
やってみよう! 3の答え piano (ピアノ)

♪ リスニング

イラストを見ながら英文と応答を聞いて，適切な応答を 1 〜 3 から選び
ましょう。

選んだ番号を
ぬりつぶしま
しょう。

④

20

マーク欄
① ② ③

会話と質問を聞いて，その答えを 1 〜 4 から選びましょう。

⑤

1 Basketball. 2 Baseball.
3 Dodgeball. 4 Volleyball.

21

マーク欄
① ② ③ ④

※プチ予想問題の訳

⇒答えは34ページにあります。

✎ 筆記

① **訳**▶ 私の姉[妹]は，よくあの本屋でマンガ本を買います。
　　　　　1 遊ぶ　　　2 飲む　　　3 閉める　　　4 買う

② **訳**▶ ベンとジョンは，兄弟です。かれらは，野球が好きです。
　　　　　1 かれは　　2 かれらは　　3 かの女は　　4 あなた（達）は

③ **正しい文**▶（ My father gets up at six ）in the morning.

♪ リスニング

④ **放送文**▶ Does your father listen to Japanese music?
　　　　　1 He is a baseball player.　　2 He swims well.　　3 Yes, he does.
放送文の訳▶あなたのお父さんは，日本の音楽を聞きますか。
　　　　　1 かれは，野球選手です。　　　2 かれは，上手に泳ぎます。　　3 はい，聞きます。

⑤ **放送文**▶ ★：Does your brother play any sports, Lisa?
　　　　　☆：Yes. He plays basketball every day.
　　　　　Question : What sport does Lisa's brother play?
放送文の訳▶★：あなたのお兄[弟]さんは，何かスポーツをしますか，リサ。
　　　　　☆：はい。かれは，毎日バスケットボールをします。
　　　　　質問：リサのお兄[弟]さんは，何のスポーツをしますか。
選択肢の訳▶1 バスケットボール。　　　2 野球。
　　　　　3 ドッジボール。　　　　　4 バレーボール。

31

学校にある物・人

classroom 教室

teacher 先生

chalk チョーク

textbook 教科書

box 箱

student 生徒

gym 体育館

subjects 教科

schoolyard 校庭

Which subject do you like?
あなたはどの教科が好きですか。

music 音楽

math 算数

P.E. 体育

Open your textbook to page thirty-two.
教科書 32 ページを開きなさい。

art 美術

science 理科

page ページ

何をしているの？

昔でも, 未来でもなく, 「今」していることを言ってみましょう。お友達や家族にも, 何をしているところか質問してみましょう。

⇒訳は79〜80ページにあります。

やってみよう！1　⇒答えは37ページ

MP3 アプリ
23

だれが言っている言葉でしょうか。よく聞いて, **A 〜 C** のイラストから当てはまるものを選びましょう。

1

I am not walking.

I am playing the piano.

答え

2

I am not swimming.

I am running.

答え

3

I am not flying.

I am falling!

答え

A

B

C

MP3 アプリ
24

やってみよう！2　⇒答えは37ページ

ジェニーがクラークさんと話しています。（　　　）に入るものを **A 〜 C** から選んで入れましょう。

1

クラークさん : Jenny!（　　　　　）

ジェニー　　 : No, I'm not.

クラークさん : What are you doing?

ジェニー　　 : I am reading a book.

答え

2 クラークさん : Where is your father?

ジェニー　　 : He is in the living room.

クラークさん : (　　　　　　)

ジェニー　　 : Yes. He is watching a baseball game.

答え

3 クラークさん : (　　　　　　)

ジェニー　　 : No, they are not playing with her.

クラークさん : What are they doing?

ジェニー　　 : They are looking at the birds.

答え

A Are you studying?
B Are Yutaka and Keiko playing with Cherry?
C Is he watching TV?

やってみよう！3 ⇒答えは37ページ

25

ユタカとケイコの会話に参加しましょう。イラストを参考にしながら, ジェニーとクラークさんがしていることを答えましょう。

1 ユタカ : <u>Is</u> Mrs. Clark <u>making dinner</u>?

ケイコ : Yes, she <u>is making</u> dinner.

ユタカ : <u>Is</u> Jenny <u>helping</u> Mrs. Clark?

あなた : Yes, she (　　　　　) her.

答え

2 ケイコ : <u>Are</u> Mrs. Clark and Jenny <u>washing</u> dishes?

ユタカ : No. They <u>are eating</u> dinner.

ケイコ : <u>Are</u> they <u>smiling</u>?

あなた : Yes, they (　　　　　).

答え

🌸 このレッスンでは、「〜をしているところです」という言い方を勉強しました。

I am reading a book. I am not watching TV.
（私は，本を読んでいます。私は，テレビを見ていません）

He is doing his homework. （かれは，宿題をしています）

They are not using the computer. （かれらは，コンピューターを使っていません）

🌸 「手紙を書いているところですか」「何をしているところですか」「どこに行くのですか」などとたずねるときは次のように言います。

Are you writing a letter? / What are you doing? / Where are you going?

🌸 生活の中で、「〜の準備ができたよ」や「〜の時間だよ」と呼ばれたときに，**I'm coming.**「今，行きます」と答えることができます。

It's time for breakfast. Breakfast is ready. → I'm coming.
（朝ごはんの時間ですよ。朝ごはんの準備ができています。 → 今，行きます）

予想問題にチャレンジ！

✏️筆記

（　）に入るものを **1 〜 4** から選びましょう。

① Tony and I （　　　） watching a movie now.

1 is 　　**2** are 　　**3** be 　　**4** am

② *Boy 1 :* Where are you going?

Boy 2 :（　　　） I need some books for my homework.

1 I'm coming. 　　　**2** Nice to meet you.

3 I'm from Tokyo. 　　**4** To the library.

①〜④を並べかえて，□□□□ の中に入れましょう。1番目と3番目にくるものの組合せを **1 〜 4** から選びましょう。

③ かの女は今，辞書を使っていません。

（ ① not　② she's　③ her dictionary　④ using ）

1番目		3番目	
				now.

1 ③—② 　　**2** ②—③ 　　**3** ②—④ 　　**4** ③—④

♪ リスニング

イラストを見ながら英文と応答を聞いて，適切な応答を **1 ～ 3** から選び
ましょう。

✎ マーク欄
① ② ③

3つの英文を聞き，イラストの内容を表しているものを1つ選びましょう。

✎ マーク欄
① ② ③

※ プチ予想問題の訳

⇒答えは38ページにあります。

✎ 筆記

❶ **訳** ▶ トニーと私は今，映画を見ています。

❷ **訳** ▶ 男の子1：どこに行くの？
男の子2：図書館だよ。宿題のために，何冊か本が必要なんだ。
1 今，行くよ。 2 きみに会えてうれしいよ。
3 ぼくは，東京出身だよ。 4 図書館だよ。

❸ **正しい文** ▶ (She's not using her dictionary) now.

♪ リスニング

❹ **放送文** ▶ What are you doing?
1 I'm washing the dishes. 2 I'm cleaning the room. 3 I'm cooking.
放送文の訳 ▶ あなたは何をしているのですか。
1 私は食器を洗っています。 2 私は部屋をそうじしています。
3 私は料理をしています。

❺ **放送文** ▶ 1 Ms. White is looking at flowers.
2 Ms. White is buying flowers.
3 Ms. White is selling flowers.
放送文の訳 ▶ 1 ホワイトさんは，花を見ています。
2 ホワイトさんは，花を買っています。
3 ホワイトさんは，花を売っています。

LESSON 5　やってみよう！1の答え　❶ B　❷ A　❸ C　　やってみよう！2の答え　❶ A　❷ C　❸ B
やってみよう！3の答え　❶ is helping　❷ are smiling

37

できるかな？

あなたの得意なことは何ですか。英語で「〜ができるよ！」と言えるようになりましょう。

⇒訳は80ページにあります。

MP3 アプリ
28

やってみよう！1 ⇒答えは40ページ

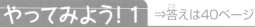

こんなロボットがいたらいいな。ロボットの特ちょうを聞いて，当てはまるイラストを **A** 〜 **D** から選びましょう。

1 It <u>can</u> cook.

答え

2 It <u>can</u> speak English.

答え

3 It <u>can</u> do my homework.

答え

4 It <u>can</u> clean the house.

答え

あなたなら，どんなロボットがいたらいいと思いますか。何ができると便利でしょうね。英語で言ってみましょう。日本語で書いたり，絵で表したりしてもいいですよ。

例：It can wash the dishes.

やってみよう！2

ユタカ, ケイコが, あなたに質問をしていますよ。あなたには, できそうですか。当てはまる方に〇を付けて, 声に出して言ってみましょう。

1 ユタカ：I <u>can</u> play soccer. <u>Can you</u> play soccer?

あなた：(　　　　) Yes, I can.

あなた：(　　　　) No, I can't.

2 ケイコ：I <u>can't</u> drink coffee. <u>Can you</u> drink coffee?

あなた：(　　　　) Yes, I can.

あなた：(　　　　) No, I can't.

やってみよう！3　⇒答えは40ページ

ケイコ, ユタカ, ジェニーの会話を聞きましょう。(　　　) に入るものを **A** ～ **C** から選んで入れて, 会話を完成させましょう。

1 ジェニーとケイコが, 料理について話しています。

ケイコ　：<u>Can you</u> cook?

ジェニー：I'm a good cook. (　　　　　).

ケイコ　：That's great!

答え

2 ユタカとジェニーが, テレビを見ています。

ユタカ　：Look at those birds. They are kiwis.

ジェニー：Kiwis? <u>Can they</u> fly?

ユタカ　：No. (　　　　　).

答え

3 ジェニーとケイコが, チェリーと遊んでいます。

ジェニー：Cherry can catch the ball.

ケイコ　：Wow. She is smart. <u>Can she</u> run very fast?

ジェニー：Yes, she can. (　　　　　), too.

答え

A They can't fly　　**B** She can swim very well

C I can make sandwiches and cakes

ここがポイント！

◎このレッスンでは，「～できる」や「～できない」という言い方を勉強しました。「～できますか」とたずねることも，できるようになりましたか。

I can swim.（私は泳げます）

I can't cook.（私は料理ができません）

Can you play the violin?（あなたはバイオリンをひけますか）

◎「上手に～できる」と言うとき，well「上手に」や very well「とても上手に」は，どの位置にくるでしょうか。最後ですね。

He can play soccer well.（かれは上手にサッカーができます）
迷わないようにしっかりと覚えておきましょう。

プチ 予想問題にチャレンジ！

✎筆記

選んだ番号をぬりつぶしましょう。

（　　）に入るものを **1 ～ 4** から選びましょう。

① A : Does your father play any sports?

B : Yes.　He can（　　　　　）basketball very well.

1 play　　　　**2** plays　　　　**3** is　　　　**4** playing

✎マーク欄
① ② ③ ④

② I can't have any（　　　　　）.　My sister doesn't like animals.

1 sports　　**2** pets　　**3** fruits　　**4** songs

✎マーク欄
① ② ③ ④

①～④を並べかえて，□□□□ の中に入れましょう。1番目と3番目にくるものの組合せを **1 ～ 4** から選びましょう。

③ ジュディはサンドイッチをとても上手に作ることができます。

（ ① sandwiches ② make ③ can ④ very well ）

Judy ［1番目］ ［　］ ［3番目］ ［　］ .

1 ③—②　　**2** ②—③　　**3** ③—①　　**4** ②—④

✎マーク欄
① ② ③ ④

LESSON 6　やってみよう！1の答え　❶B　❷D　❸C　❹A　　やってみよう！3の答え　❶C　❷A　❸B

40

④ 私は明日, あなたの誕生日パーティーに行けません。

(① come to ② your ③ can't ④ birthday party)

	1番目		3番目	
I	☐	☐	☐	☐ tomorrow.

1 ③—②   **2** ①—②   **3** ③—④   **4** ①—④

選んだ番号を
ぬりつぶしま
しょう。

✎マーク欄
① ② ③ ④

🎵 リスニング

イラストを見ながら英文と応答を聞いて, 適切な応答を 1 ～ 3 から選び
ましょう。

⑤
MP3 アプリ
31

✎マーク欄
① ② ③

※プチ予想問題の訳   ⇒答えは42ページにあります。

✎ 筆記

① [訳] ▸ A：あなたのお父さんは, 何かスポーツをしますか。
B：はい。かれは, とても上手にバスケットボールができます。
1 する   **2** する   **3** ～である   **4** すること

② [訳] ▸ 私は, ペットを飼うことができません。私の姉 [妹] は, 動物が好きではありません。
1 スポーツ   **2** ペット   **3** 果物   **4** 歌

③ [正しい文] ▸ Judy (can make sandwiches very well).

④ [正しい文] ▸ I (can't come to your birthday party) tomorrow.

🎵 リスニング

⑤ [放送文] ▸ Can your sister play the violin well?
1 Her name is Nadia.   **2** She's a good player.   **3** See you tomorrow.
[放送文の訳] ▸ あなたのお姉 [妹] さんは, バイオリンを上手にひけますか。
1 かの女の名前は, ナディアです。   **2** かの女は, 上手にひけます。   **3** 明日, またお会いしましょう。

いいですか／お願いします

お友達や家族と気持ち良く過ごすためには,「〜していいですか」「〜してくれますか」と質問したり,「〜してはいけません」と伝えたりすることは, とても大事です。

⇒訳は80ページにあります。

やってみよう！ 1

MP3 アプリ
32

ジェニーが, あなたに色々なお願いをしています。それぞれのお願いに対して, してあげられそうか考えたら, 下の「答え方の例」から1つ選んで, 言ってみましょう。

1　ジェニー：<u>Can you</u> come to my house tomorrow?

　　あなた　：...

2　ジェニー：<u>Can you</u> pass me the ketchup?

　　あなた　：...

3　ジェニー：<u>Can you</u> take Cherry for a walk?

　　あなた　：...

答え方の例

Sure.（いいよ）　　**All right.**（分かった）　　**Of course.**（もちろん）
I'm sorry, I can't.（ごめんなさい, できません）
Sorry, but I'm busy.（ごめん, いそがしいんだ）

やってみよう！2 ⇒答えは44ページ

会話が完成するように，（　　）に入る文を **A** ～ **C** から選びましょう。チャレンジしたい人
は，音声を聞く前に考えてみましょう。

1 ユタカとケイコが，ジェニーの家に遊びに来ました。

ユタカ ：I'm thirsty. （　　　　　）

ジェニー：Of course. Here you are.

ユタカ ：Thank you.

答え

2 3人で，外に遊びに行きます。

ジェニー ：Mom, we want to play badminton. （　　　　）

クラークさん：Of course. Have a good time.

ジェニー ：Thank you.

答え

3 公園に来ました。でも，「球技禁止」と書かれていますよ！

ケイコ：We can't play badminton here.

ユタカ：Oh, no. （　　　　　）

ケイコ：No, we can't!

答え

A Can we go to the park? **B** Can we play soccer?
C Can I have a glass of water?

やってみよう！3 ⇒答えは44ページ

イラストを参考にしながら音声を聞き，ユタカの質問に対して「～してはいけません」と教え
てあげましょう。（　　）にはどんな語が入るでしょうか。

1 ユタカ：Can I swim in the river?

あなた：No. You （　　　　） swim in the river.

答え

2 ユタカ：Can I sing a song here?

あなた：No. You （　　　　） sing a song here.

答え

43

◎ **Can you ...?** と言われたら、「〜できますか」とたずねられているときと、「〜してくれますか」とたのまれているときがあります。**Can you carry this bag?** と言われたら、状きょうによって、「運べるかどうか」をたずねられているのではなく、「運んでほしい」とたのまれているのだと気付かないといけません。

◎ **Can I ...?** ／ **Can we ...?** は、「〜してもいいですか」とたずねるときに使います。**Can I play the piano?** とたずねられたら、**Yes, you can.** 「ひいてもいいですよ」と許可してあげるか、**No. It is too late.** 「だめです。時間がおそ過ぎます」などと答えるようにします。

◎ **can't** は、「〜してはいけません」という意味にも使われます。例えば博物館で **You can't take photos here.** と言われたときに、「暗過ぎるから写真をとれないっていう意味かな？　でも、私のカメラなら大丈夫。とれるわ！」と写真をとってしまったら、大変なことになりますよ。**can** と **can't** には、「〜できる」「〜できない」という意味の他に、「〜してもいい」「〜してはいけない」という意味もあることを覚えておきましょう。

プチ　予想問題にチャレンジ！

✏筆記

（　　）に入るものを **1 〜 4** から選びましょう。

①　*A :* Can you come （　　　　） my house after school?
　　B : Sorry, I can't.
　　1 for　　　　**2** to　　　　**3** out　　　　**4** of

②　*A :* Can I （　　　　） your eraser?
　　B : Sure. Here you are.
　　1 use　　　　**2** run　　　　**3** go　　　　**4** swim

③　*Sister :* I can't open the box. （　　　　）
　　Brother : All right.
　　1 Where is it?　　　　**2** How are you today?
　　3 Do you like books?　　　　**4** Can you help me?

選んだ番号をぬりつぶしましょう。

LESSON 7　やってみよう！2の答え　**①** C　**②** A　**③** B　　やってみよう！3の答え　**①** can't　**②** can't

♪ リスニング

イラストを見ながら英文と応答を聞いて, 適切な応答を 1 〜 3 から選び
ましょう。

4
MP3 アプリ
35

3つの英文を聞き, イラストの内容を表しているものを1つ選びましょう。

5
MP3 アプリ
36

※プチ予想問題の訳

⇒答えは48ページにあります。

✐ 筆記

1 訳 ▸ A：あなたは, 放課後, 私の家に来てくれますか。
B：ごめんなさい, 私は, 行けません。
1 〜のために　　2 〜に　　3 外へ　　4 〜の

2 訳 ▸ A：あなたの消しゴムを使ってもいいですか。
B：いいですよ。はい, どうぞ。
1 使う　　2 走る　　3 行く　　4 泳ぐ

3 訳 ▸ 妹〔姉〕：箱が開けられないわ。私を手伝ってくれるかしら？
兄〔弟〕：分かった。
1 それは, どこにあるの？　　2 今日の調子はどう？
3 あなたは, 本が好きなの？　　4 私を手伝ってくれるかしら？

♪ リスニング

4 放送文 ▸ Can I have the salt, please?
1 Yes, let's go.　　2 Here you are.　　3 Yes, please.
放送文の訳 ▸塩をもらえるかな？
1 ええ, 行きましょう。　　2 はい, どうぞ。　　3 ええ, お願い。

5 放送文 ▸ 1 You can't eat here.　　2 You can't study here.
3 You can't take pictures here.
放送文の訳 ▸1 ここで食べてはいけません。　　2 ここで勉強してはいけません。
3 ここで写真をとってはいけません。

分からないことを聞く ための色々な表現

動画は コチラ！

※音声の後について，英文を言ってみよう！

何？　とたずねるときは

What?

What is this?

（これは何ですか）

どっち？　とたずねるときは

Which?

Which do you like,
baseball or soccer?

（野球とサッカー，どちらが好きですか）

だれ？　とたずねるときは

Who?

Who is he?

（かれはだれですか）

だれの もの？　とたずねるときは

Whose?

Whose bag is this?

（これはだれのかばんですか）

いつ？　とたずねるときは

When?

When is your birthday?

（あなたの誕生日はいつですか）

どこ？　とたずねるときは

Where?

Where do you live?

（あなたはどこに住んでいますか）

どう？　とたずねるときは

How?

How do you come to school?

（あなたはどのようにして学校に来ますか）

How + ○○？ で
色々なことが聞けます。

・**How many** books do you have?
（あなたは本を何冊持っていますか）

・**How much** is this shirt?
（このシャツはいくらですか）

・**How old** are you?
（あなたは何才ですか）

どこにあるか伝える ための色々な表現

MP3 **アプリ**
38

動画は
コチラ！

※音声の後について，英文を言ってみよう！

中 にあるときは

in

Where are the keys?
（カギはどこですか）

They are <u>in</u> the box.
（箱の中です）

上 にあるときは

on

Where are the flowers?
（花はどこですか）

They are <u>on</u> the table.
（テーブルの上です）

下 にあるときは

under

Where is the cat?
（ねこはどこですか）

It is <u>under</u> the chair.
（いすの下です）

そば にあるときは

by

Where is the bike?
（自転車はどこですか）

It is <u>by</u> the tree.
（木のそばです）

聞きたいこと，色々あるよ（1）

LESSON 8

「何をしているの？」「どれが好き？」　色々な質問ができるようになると，おしゃべりが楽しくなりますね。

⇒訳は81ページにあります。

MP3 アプリ
39

やってみよう！1

ケイコ，ユタカ，ジェニーの3人が話しています。一体，何について話しているのでしょうか。最初はイラストを見ないで，場面を想像しながら会話を聞いてみましょう。次は，イラストを見ながら，ジェニーになったつもりで，会話に参加してみましょう。

ユタカ　：Hi, Jenny.

ジェニー：Hi.　<u>What</u> are you doing?

ユタカ　：We are looking at this bag.

ジェニー：Hmm...　<u>What</u> is it?

ケイコ　：Let's open it.

ケイコ　：It's a box!

ジェニー：<u>What</u> is in the box?

ユタカ　：Let's open it.

ケイコ　：Seashells!　They are beautiful.

ジェニー：<u>Which</u> seashell do you like, Yutaka?

ユタカ　：I like this big one!

やってみよう！2 ⇒答えは50ページ

3人の会話を聞きましょう。（　　）に当てはまるものを **A・B** から選びましょう。

1

ユタカ　：Do you want pizza?

ケイコ　：No, I don't.

ユタカ　：Do you want spaghetti?

ケイコ　：No, I don't.

ユタカ　：Then, (　　　　)　答え

ケイコ　：I want a hamburger.

2

ジェニー：Yutaka, (　　　　)

ユタカ　：I like soccer. How about you, Jenny?

ジェニー：I like badminton.　答え

A　what do you want?
B　what sport do you like?

やってみよう！3 ⇒答えは50ページ

ジェニーとユタカがキッチンで話しています。まずは，英文を見ずに音声を聞いてみましょう。次に，前後の文をよく読んで，（　　）に当てはまるものを **A〜C** から選びましょう。選び終わったら，もう一度音声を聞いてチェックしましょう。

ユタカ　：<u>What</u> are you doing?

ジェニー：(　**1**　)

ユタカ　：Wow! I love sandwiches.

ジェニー：Good. <u>What</u> do you want to drink?

ユタカ　：(　**2**　)

ジェニー：Sorry, I don't have milk today. But I have grape juice and orange juice. <u>Which</u> do you want, grape juice <u>or</u> orange juice?

ユタカ　：(　**3**　)

1 答え

2 答え

3 答え

A　I want orange juice, please.　**B**　I want to drink milk.
C　I am making sandwiches.

49

🌀「好きなものは何？」「持っているものは何？」「欲しいものは何？」と聞くときも，「何をしているの？」「それは何？」と聞くときも，「何？」と聞きたいときには **What** を使います。

🌀いくつか選択肢があって，「どちら？」と聞きたいときには，**Which** を使いますね。

🌀レッスンに出てくる **What** や **Which** で始まる文を，リズム良く言えるように，何度もくり返し練習しましょう。リズム良く言うのがポイントですよ。

予想問題にチャレンジ！

✏筆記

（　　）に入るものを 1 〜 4 から選びましょう。

1 *Girl 1* : What's in your bag?

　Girl 2 : (　　　　　)

　1 Some notebooks.　　**2** I like birds.

　3 It's raining.　　　　**4** Good morning.

✏マーク欄
① ② ③ ④

①〜④を並べかえて，□□□□ の中に入れましょう。1番目と3番目にくるものの組合せを 1 〜 4 から選びましょう。

2　どちらの色が好きですか。

　（ ① do　② color　③ like　④ you ）

　　　　　1番目　　　　　3番目
　Which □□□ □□□ □□□ □□□ ？

　1 ④—②　　**2** ①—③　　**3** ②—④　　**4** ②—③

✏マーク欄
① ② ③ ④

3　今晩の夕食は何が食べたいですか。

　（ ① you　② for　③ do　④ want ）

　　　　　1番目　　　　　3番目
　What □□□ □□□ □□□ □□□ dinner tonight?

　1 ③—①　　**2** ④—①　　**3** ②—①　　**4** ③—④

✏マーク欄
① ② ③ ④

LESSON 8　やってみよう！2の答え　❶A ❷B　　やってみよう！3の答え　❶C ❷B ❸A

50

🎵 リスニング

イラストを見ながら英文と応答を聞いて，適切な応答を 1 〜 3 から選び
ましょう。

④
MP3 アプリ
42

会話と質問を聞いて，その答えを 1 〜 4 から選びましょう。

⑤
MP3 アプリ
43

1 She is listening to music. **2** She is writing a letter.

3 She is playing the piano. **4** She is making dinner.

※プチ予想問題の訳　　　　　　　　　　　　　　　⇒答えは52ページにあります。

✎ 筆記

① 訳 ▶ 女の子1：あなたのかばんには何が入っていますか。
女の子2：何冊かのノートです。
1 何冊かのノートです。　**2** 私は，鳥が好きです。
3 雨が降っています。　**4** おはようございます。

② 正しい文 ▶ Which (color do you like)?

③ 正しい文 ▶ What (do you want for) dinner tonight?

🎵 リスニング

④ 放送文 ▶ Which sport do you like, basketball or volleyball?
1 I like basketball.　**2** I'm happy.　**3** I can't play baseball.
放送文の訳 ▶ バスケットボールとバレーボール，どちらのスポーツが好きですか。
1 私はバスケットボールが好きです。　**2** 私は幸せです。　**3** 私は野球ができません。

⑤ 放送文 ▶ ★：What are you doing, Susan?
☆：I'm writing a letter to my grandmother.
Question：What is Susan doing?
放送文の訳 ▶ ★：あなたは何をしているのですか，スーザン。
☆：私は祖母に手紙を書いています。
質問：スーザンは何をしていますか。
選択肢の訳 ▶ **1** かの女は音楽を聞いています。　**2** かの女は手紙を書いています。
3 かの女はピアノをひいています。　**4** かの女は夕食を作っています。

LESSON 9 聞きたいこと, 色々あるよ(2)

「だれですか」「だれのものですか」とたずねたり, 数や値段, お天気や身長など, 色々なことを聞いたりするときには, どんな表現を使うのでしょう。

⇒訳は81ページにあります。

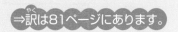

やってみよう! 1

ケイコとジェニーが, ユタカの家に遊びに来ました。みんなで, ユタカの部屋で話していますよ。イラストを見ながら会話を聞いてみましょう。

ケイコ　　：This is a big poster! <u>Who is this?</u>

ユタカ　　：<u>He is</u> Sandy Bailey. I like him very much.

ジェニー：And <u>who is this?</u>

ユタカ　　：<u>He is</u> Kelly Thomas. He's a great goalkeeper.

ジェニー：<u>Whose</u> soccer ball <u>is this?</u>

ユタカ　　：<u>It's mine.</u> Look. There is an autograph.

ジェニー：Wow! <u>Whose</u> autograph <u>is it?</u>

ユタカ　　：<u>It is</u> Bailey's. This ball is my treasure.

やってみよう！2 ⇒答えは54ページ

何について話しているのでしょう？ 下の **A** ～ **C** のイラストから，当てはまるものを選びましょう。

① ジェニー　　　 : Mom, I want this T-shirt.

クラークさん : How much is it?

ジェニー　　　 : It's 1,500 yen.

答え

② クラークさん : How is the weather?

ジェニー　　　 : It's raining today.

答え

③ ユタカ　 : Your brother is very tall.　How tall is he?

ジェニー : He is 180 centimeters tall.

答え

A

B

C

やってみよう！3 ⇒答えは54ページ

ジェニーにならって，あなたのことについて聞かれた質問に答えましょう。

① ケイコ　 : Jenny, how many caps do you have?

ジェニー : I have two caps.　I have a black cap and a red cap.

ケイコ　 : How about you?　Do you have a cap?　How many caps do you have?

あなた　 : _____

② ユタカ　 : Jenny, how do you go to school?

ジェニー : I go to school by bus.

ユタカ　 : How about you?　How do you go to school?

あなた　 : _____

★答え方のヒントは，次のページの「ここがポイント！」を見てみよう！

◎ Who は「だれ?」, Whose は「だれの?」とたずねるときに使います。落とし物を拾ったら, **Whose is this?** と聞くといいですね。

◎ How の後に言葉を付けると, 色々な質問ができます。
How many ...? (数)　**How much ...?** (値段)
How tall ...? (背の高さ)　**How long ...?** (長さ)　**How old ...?** (年れい)

◎ How は, 天気を聞くときにも使います。**How is the weather?** (天気はどうですか)
お天気を表す言葉をいくつ言えますか。
It's sunny. (晴れています)　**It's raining.** (雨が降っています)
It's cloudy. (くもっています)　**It's windy.** (風がふいています)

◎ **How do you go to school?** と聞かれたら, 何と答えますか。
By bus. (バスで)　**By train.** (電車で)　**By bicycle.** (自転車で)
歩いて行くときには, **On foot.** あるいは, **I walk to school.** と言いますよ。

プチ 予想問題にチャレンジ!

✑筆記

(　　)に入るものを 1 〜 4 から選びましょう。

選んだ番号をぬりつぶしましょう。

①　*A* : Ben, (　　　　　) is that man?
　　B : He's my uncle.

　　1 what　　**2** whose　　**3** who　　**4** how

✑マーク欄
① ② ③ ④

①〜④を並べかえて, □□□□ の中に入れましょう。1番目と3番目にくるものの組合せを 1 〜 4 から選びましょう。

②　あなたはどのようにしてサンドイッチを作りますか。
　　(① make　② how　③ you　④ do)

1番目		3番目	
□	□	□	□	sandwiches?

　　1 ③—②　　**2** ④—②　　**3** ②—①　　**4** ②—③

✑マーク欄
① ② ③ ④

LESSON 9　やってみよう! 2の答え ❶ A　❷ C　❸ B　　やってみよう! 3の答えの例 ❶「I have a cap.」「I have two caps.」「I don't have a cap.」など ❷「I walk to school.」「I go to school by train.」など

54

リスニング

イラストを見ながら英文と応答を聞いて，適切な応答を 1 ～ 3 から選び
ましょう。

選んだ番号を
ぬりつぶしま
しょう。

会話と質問を聞いて，その答えを 1 ～ 4 から選びましょう。

5

MP3 アプリ
49

1 One.　　**2** Two.　　**3** Three.　　**4** Four.

※プチ予想問題の訳

⇒答えは58ページにあります。

筆記

1 訳 ▶ A：ベン，あの男の人は，だれですか。
　　　　B：かれは，私のおじさんです。
　　　　1 何　　**2** だれの　　**3** だれ　　**4** どうやって

2 正しい文 ▶ (How do you make) sandwiches?

リスニング

3 放送文 ▶ Whose dog is that?　It's very cute.
　　　　1 It's sunny.　　**2** It's Ann's.　　　**3** It's running.
放送文の訳 ▶ あれは，だれの犬ですか。とてもかわいいです。
　　　　1 晴れています。　　**2** それは，アンのです。　　**3** それは，走っています。

4 放送文 ▶ How much is the chocolate cake?
　　　　1 It is 2,000 yen.　　**2** Thank you.　　　**3** There is only one.
放送文の訳 ▶ チョコレートケーキは，いくらですか。
　　　　1 それは，2,000円です。　　**2** ありがとうございます。　　**3** 1つだけあります。

5 放送文 ▶ ☆：How many sisters do you have, David?
　　　　★：I have two older sisters and one younger sister.
　　　　Question：How many older sisters does David have?
放送文の訳 ▶ ☆：あなたは何人の姉妹がいますか，デイビッド。
　　　　★：ぼくには，2人の姉と1人の妹がいます。
　　　　質問：デイビッドには何人の姉がいますか。
選択肢の訳 ▶ **1** 1人。　　**2** 2人。　　**3** 3人。　　**4** 4人。

5級に出る単語を知っておこう(2)

街などにある物

zoo 動物園

beach はま辺

station 駅

library 図書館

museum 美術館

park 公園

家の中の部屋

Where is Cherry?
チェリーはどこにいるのかしら。

bathroom
浴室・トイレ

living room
居間

door ドア

kitchen 台所

bedroom しん室

floor ゆか

イラストを見ながら音声の後について言ってみよう！

動画は
コチラ！

食べ物・飲み物

Jenny, breakfast is ready.
朝食の用意ができましたよ，ジェニー。

fruit 果物

milk 牛乳

coffee コーヒー

water 水

meat 肉

breakfast 朝食

bread パン

体

OK, I'm coming.
わかった，今，行くね。

face 顔

hair かみの毛

head 頭

shoulder かた

hand 手

arm うで

finger 指

foot 足

聞きたいこと, 色々あるよ (3)

「今日は何曜日だったかしら?」「今, 何時?」と聞きたくなったら, どんな表現を使えばいいのでしょう。答え方もいっしょに勉強しましょう。

⇒訳は82ページにあります。

MP3 アプリ
51

やってみよう! 1

会話を聞いてみましょう。次に, あなたへの質問に答えましょう。うまく答えられたら, ☆に色をぬりましょう。

 1

ジェニー : Can you come to my house next Wednesday?

ユタカ　 : Sorry, I can't. I practice soccer <u>on Wednesdays</u>.

ジェニー : Can you come on Thursday?

ユタカ　 : Sorry. I practice soccer on Thursdays, too.

ジェニー : <u>What days of the week</u> do you practice soccer?

ユタカ　 : I practice soccer on Mondays, Wednesdays, and Thursdays.

　　　　　 I play soccer <u>every Sunday</u>, too.

ジェニー : Yutaka, you really like soccer!

ユタカがいつサッカーを練習するか, 分かりましたか。ユタカは, 本当にサッカーが好きですね。

では, あなたの時間割を教えてください。次の授業は何曜日にありますか。

When do you study English?　☆　I study English on _____.
When do you study math?　　☆　I study math on _____.
When do you have P.E.?　　☆　I have P.E. on _____.

 2

ジェニー : Hmm... I'm sleepy.

ケイコ　 : <u>What time</u> do you usually go to bed?

ジェニー : I go to bed at nine.

ケイコ　 : <u>What time</u> do you get up?

ジェニー : I get up at six.

ジェニーが何時にねて, 何時に起きるか, 分かりましたか。
あなたはどうでしょう。早ね早起きをしていますか。

What time do you go to bed? ☆ I go to bed at _____.
What time do you get up? ☆ I get up at _____.

MP3 **アプリ**
52

やってみよう！2 ⇒答えは60ページ

日付や時刻に関する質問と答えを聞いて, 当てはまるイラストを **A ～ C** から選びましょう。

What's the date today? | What day of the week is it today? | What time is it?

It's August 8th. | It's Thursday. | It's ten o'clock.

答え | 答え | 答え

A    **B**    **C**

MP3 **アプリ**
53

やってみよう！3 ⇒答えは60ページ

イラストを見て, 質問に答えましょう。

 <u>What time</u> does the concert start?
　　　　— It starts at _____.

 <u>When</u> is Keiko's birthday?
　　　　— It's _____.

🌸「今，何時ですか」「今日って何曜日だっけ？」などと聞きたいときがありますね。このレッスンでは，時刻，曜日，日付など，時に関する質問の仕方や答え方を勉強しました。まとめると，

What time is it?（何時？）

What day of the week is it today?（今日は何曜日？）

What is the date today?（今日は何日？）

When is ...?（〜は，いつ？）

例：When is your birthday?（あなたの誕生日は，いつですか）

When [What time] do [does] ...?（いつ[何時に]〜する？）

例：When do you play tennis?（あなたは，いつテニスをしますか）

🌸on Mondays や every Monday は，「毎週月曜日」という意味ですね。

🌸usually は「たいてい」「ふだんは」という意味です。「時々」は sometimes，「よく」は often と言います。

予想問題にチャレンジ！

✏️筆記

（　　　）に入るものを 1 〜 4 から選びましょう。

選んだ番号をぬりつぶしましょう。

1 A : When do you usually have（　　　　）?

B : At 6:30. I eat bread every morning.

1 breakfast　　**2** hour　　**3** train　　**4** night

✏️マーク欄
① ② ③ ④

①〜④を並べかえて，□□□□ の中に入れましょう。1番目と3番目にくるものの組合せを 1 〜 4 から選びましょう。

2 かの女は，毎晩何時にねますか。

（ ① go　② what time　③ she　④ does ）

1番目　　　　　3番目

□ □ □ □ to bed every night?

1 ④—①　　**2** ②—④　　**3** ②—③　　**4** ③—①

✏️マーク欄
① ② ③ ④

🎵リスニング

イラストを見ながら英文と応答を聞いて，適切な応答を 1 〜 3 から選びましょう。

LESSON 10　やってみよう！2の答え　❶B　❷A　❸C　　やってみよう！3の答え　❶ 12:30 (twelve thirty)　❷ November 11th

60

③

MP3 **アプリ**
54

選んだ番号を
ぬりつぶしま
しょう。

マーク欄
① ② ③

会話と質問を聞いて, その答えを 1 〜 4 から選びましょう。　**MP3** **アプリ**
55

④　**1** At 5:30.　　**2** At 6:00.

　　3 At 6:30.　　**4** At 7:00.

マーク欄
① ② ③ ④

3 つの英文を聞き, イラストの内容を表しているものを 1 つ選びましょう。

⑤

MP3 **アプリ**
56

マーク欄
① ② ③

※プチ予想問題の訳　　　　　　　　　　　　　　　　　　　⇒答えは62ページにあります。

筆記

① **訳** ▶ A：あなたは, ふだんはいつ朝食を取りますか。
　　　　B：6時30分です。私は毎朝パンを食べます。
　　　　1 朝食　**2** 時間　**3** 電車　**4** 夜

② **正しい文** ▶（What time does she go）to bed every night?

♪リスニング

③ **放送文** ▶ What's the date today?
　　　　1 It's Monday today.　　**2** It's February 19th.　　**3** It's in the afternoon.
　放送文の訳 ▶ 今日は, 何日ですか。
　　　　1 今日は, 月曜日です。　**2** 2月19日です。　　**3** それは, 午後にあります。

④ **放送文** ▶ ★：I get up at seven.　How about you, Grandma?
　　　　☆：I usually get up at five thirty.
　　　　Question：What time does the boy get up?
　放送文の訳 ▶ ★：ぼくは, 7時に起きるよ。あなたは, どう, おばあちゃん?
　　　　☆：私は, たいてい5時30分に起きるわ。
　　　　質問：男の子は, 何時に起きますか。
　選択肢の訳 ▶ **1** 5時30分に。　**2** 6時に。　**3** 6時30分に。　**4** 7時に。

⑤ **放送文** ▶ **1** It's seven-o-five.　**2** It's seven fifteen.　**3** It's seven fifty.
　放送文の訳 ▶ **1** 7時5分です。　**2** 7時15分です。　**3** 7時50分です。

61

聞きたいこと, 色々あるよ（4）

これまで, 色々なことのたずね方を勉強してきましたね。
今回は,「どこ？」というたずね方の勉強です。

⇒訳は82〜83ページにあります。

やってみよう！1

MP3 アプリ 57

ジェニーが, サンドイッチを作ろうとしています。必要なものはどこにあるでしょう。クラークさんになったつもりで, ジェニーの質問に答えてあげましょう。

ジェニー　　　 : Mom, where is the bread?

クラークさん : It is <u>on the table</u>.

ジェニー　　　 : Where is the cheese?

クラークさん : It is <u>on the table</u>, too.

ジェニー　　　 : Where are the eggs?

クラークさん : They are <u>in the pot</u>.

ジェニー　　　 : Where is the butter?

クラークさん : It is <u>in the refrigerator</u>.

ジェニー　　　 : Where is the mayonnaise?

クラークさん : Oh, it is <u>under the newspaper</u>.

ジェニー　　　 : Where is my apron?

クラークさん : It is <u>on the chair</u>.

ジェニー　　　 : Thanks. Now I can make some sandwiches!

音声といっしょにすらすら言えるようになるまで, くり返し練習しましょう。

やってみよう！2 ⇒答えは64ページ

町中で, ケイコとジェニーがぐう然会いました。2人の会話を聞いて, 質問の答えを地図の
A ～ I から見つけましょう。

ケイコ　　：Hi, Jenny!

ジェニー：Hello, Keiko! Do you live <u>in this town</u>?

ケイコ　　：Yes, I do.

ジェニー：Where is your house?

ケイコ　　：My house is <u>by the park</u>. <u>Where are you going?</u>

ジェニー：I want some flowers. Where is the flower shop?

ケイコ　　：It's <u>over there</u>, near my house. Let's go together.

ジェニー：Oh, thank you.

1 Where is Keiko's house?　　　　**2** Where is Jenny going?

答え　　　　　　　　　　　　　　　答え

やってみよう！3 ⇒答えは64ページ

ユタカ, ケイコが, 今いる場所について話しています。2人がどこにいるのか, 下の選択肢か
ら選んで, 声に出して答えましょう。

1 ユタカ：We can read books here. I'm reading a book about soccer.
　　　Where is he? ― He is ＿＿＿＿＿＿＿＿＿＿＿＿＿.

2 ケイコ：I'm going to my grandmother's house by train. The train is coming soon.
　　　Where is she? ― She is ＿＿＿＿＿＿＿＿＿＿＿＿＿.

　　　at the pool　　at the library　　at the station　　at the flower shop

🌀「聞きたいこと, 色々あるよ」の最後は, 場所をたずねる言い方の勉強でした。次のような質問に答えられるようになりましたか。

Where is the ball?
It is in the box. (それは, 箱の中にあります)
It is by the box. (それは, 箱のそばにあります)
It is on the chair. (それは, いすの上にあります)
It is under the chair. (それは, いすの下にあります)

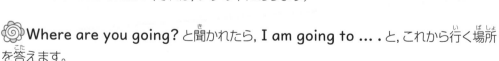

🌀**Where are you going?** と聞かれたら, **I am going to … .** と, これから行く場所を答えます。

🌀**Where are you?** と聞かれたら, 今いる場所を答えますね。
I am in the kitchen. (私は, キッチンにいます)
I am at the station. (私は, 駅にいます)

予想問題にチャレンジ!

✏️筆記

( )に入るものを **1 ～ 4** から選びましょう。

選んだ番号をぬりつぶしましょう。

① *A* : Where does your grandfather live, Sandy?

　B : He lives (　　　) Paris.

　1 to 　　**2** in 　　**3** on 　　**4** for

✏️マーク欄
① ② ③ ④

② *Sister* : Where's Mom? (　　　)

　Brother : No, she's in the garden.

　1 She is cleaning the house. 　**2** How about you?

　3 Are you making sandwiches? 　**4** Is she in the kitchen?

✏️マーク欄
① ② ③ ④

🎵リスニング

イラストを見ながら英文と応答を聞いて, 適切な応答を **1 ～ 3** から選びましょう。

③
MP3 アプリ
60

④
MP3 アプリ
61

選んだ番号を
ぬりつぶしま
しょう。

✎マーク欄
① ② ③

✎マーク欄
① ② ③

会話と質問を聞いて，その答えを **1 ～ 4** から選びましょう。

⑤
MP3 アプリ
62

1 At the city library.　　**2** At the supermarket.
3 At the city park.　　**4** At the bookstore.

✎マーク欄
① ② ③ ④

※プチ予想問題の訳　　　　　　　　　　　　⇒答えは68ページにあります。

✎筆記

① 訳▶ A：あなたのおじいさんは，どこに住んでいますか，サンディ。
B：かれは，パリに住んでいます。
1　〜に　　2　〜（の中）に　　3　〜の上に　　4　〜のために

② 訳▶ 姉[妹]：お母さんは，どこにいるの？　かの女は，キッチンにいるの？
弟[兄]：いや，かの女は，庭にいるよ。
1　かの女は，家をそうじしているわ。　　2　あなたは，どうなの？
3　あなたは，サンドイッチを作っているの？　　4　かの女は，キッチンにいるの？

♪リスニング

③ 放送文▶ Where do you play volleyball after school?
1　In the gym.　　2　I go to the zoo.　　3　On Sundays.
放送文の訳▶ あなたは放課後，どこでバレーボールをしますか。
1　体育館です。　　2　動物園に行きます。　　3　毎週日曜日です。

④ 放送文▶ Where are my glasses, Jessica?
1　The blue ones.　　2　They don't know.　　3　They are on the table.
放送文の訳▶ 私のめがねは，どこかな，ジェシカ？
1　青いのよ。　　2　かれらは，知らないわ。　　3　テーブルの上よ。

⑤ 放送文▶ ★：Where are you now, Lisa?
☆：I'm at the city library.
Question：Where is Lisa now?
放送文の訳▶ ★：あなたは，今，どこにいますか，リサ。
☆：私は，市の図書館にいます。
質問：リサは，今，どこにいますか。
選択肢の訳▶ 1　市の図書館に。　　2　スーパーマーケットに。　　3　市の公園に。　　4　本屋に。

数・月・曜日の言い方を覚えよう

MP3 アプリ
63

 数の言い方

1 one	**2** two	**3** three	**4** four	**5** five
6 six	**7** seven	**8** eight	**9** nine	**10** ten
11 eleven	**12** twelve	**13** thirteen	**14** fourteen	**15** fifteen
16 sixteen	**17** seventeen	**18** eighteen	**19** nineteen	**20** twenty
30 thirty	**40** forty	**50** fifty	**60** sixty	**70** seventy
80 eighty	**90** ninety	**100** one hundred	**1000** one thousand	

 序数の言い方（〜番目）

1st first	**2nd** second	**3rd** third	**4th** fourth	**5th** fifth
6th sixth	**7th** seventh	**8th** eighth	**9th** ninth	**10th** tenth

音声の後について言ってみよう！

 月の言い方

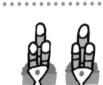

January
（1月）

February
（2月）

March
（3月）

April
（4月）

May
（5月）

June
（6月）

July
（7月）

August
（8月）

September
（9月）

October
（10月）

November
（11月）

December
（12月）

 曜日の言い方

Sunday（日曜日）　　　　**Monday**（月曜日）

Tuesday（火曜日）　　　　**Wednesday**（水曜日）

Thursday（木曜日）　　　　**Friday**（金曜日）

Saturday（土曜日）

12

いっしょに行きましょう

「～しましょう」「～してください」「～しなさい」「～してはいけません」 色々な場面で言いたい言葉ですね。英語ではどのように伝えるのでしょう。

⇒訳は83ページにあります。

やってみよう！1 ⇒答えは70ページ

MP3 アプリ
64

ケイコ, ユタカ, ジェニーが, どこに行くか, 何をするか, 相談しています。

ユタカ	：Let's go to the park. Let's play badminton there.
ジェニー	：We can't play badminton today. It's too windy.
ユタカ	：Then, let's play dodgeball.
ケイコ	：I don't want to play dodgeball. I'm hungry.
ユタカ	：All right. Let's go to the ice cream shop.
ジェニー	：I don't want to eat ice cream now. It's too cold.
ユタカ	：Let's go to the hamburger shop, then.
ケイコ	：Good idea!

やっと相談がまとまったようですね。ユタカは最初は何をしたかったのでしょうか。結局, 何をすることになりましたか。くり返し聞くと, 段々分かってきますよ。あきらめずに何度も聞いてみましょう。

1 ユタカがしたかったこと ....

2 することになったこと

やってみよう！2　⇒答えは70ページ

私たちの周りには色々な約束事がありますね。例えば……
図書館では：Please don't talk. / Please don't eat.
学校のろう下では：Don't run. / Don't throw balls.

では，次の文の意味は何でしょう。**A** ～ **C** の中から，合うものを選びましょう。

1 Don't take photos.

答え

2 Don't swim.

答え

3 Don't use your phone.

答え

やってみよう！3　⇒答えは70ページ

次のイラストの子たちに何と言ってあげるのがいいでしょうか。**A** ～ **C** の中から，当てはまるものを選び，音声を聞いて，イラストの子の言葉に続けて言ってみましょう。

1 I'm sleepy.

答え

2 My hands are dirty.

答え

3 It's cold.

答え

A Wash your hands. **B** Put on your sweater. **C** Wake up!

🌹「〜してください」「〜しないでください」とたのんだり，命令したりする言い方の勉強です。出だしの言葉に注意して，レッスンに出てきた文をくり返し言ってみましょう。**Look at the lions!** は「ライオンを見て！」，**Don't give food to the monkeys.** は「サルに食べ物をあたえないで」ですね。

🌹ていねいに言いたいときは，**please** を付けます。**Stand up.** は「立ちなさい」という命令ですが，**Please stand up.** は「立ってください」という意味です。

🌹**Let's ... .** は「いっしょに〜しましょう」とさそう言い方です。**Let's go to the park.** と言われて，いっしょに行くなら，**Yes, let's.** や **OK.** などと答えます。行けないときは，**Sorry, I can't.** と答えたり，理由を言ったりしますね。

イチ 予想問題にチャレンジ！

✏筆記

選んだ番号をぬりつぶしましょう。

（　　）に入るものを **1 〜 4** から選びましょう。

❶ A : Let's go to the museum.　We can see beautiful pictures.

B : (　　　　　)

1 No, I don't.　　　　**2** You're welcome.

3 I can't take pictures.　**4** Yes, let's.

✏マーク欄
① ② ③ ④

①〜④を並べかえて，☐☐☐☐ の中に入れましょう。1番目と3番目にくるものの組合せを **1 〜 4** から選びましょう。

❷ 教室内で走らないでください。

（ ① the classroom　② don't　③ run　④ in ）

1番目　　　　3番目
Please ☐☐ ☐☐ ☐☐ ☐☐ .

1 ②—④　　**2** ②—①　　**3** ③—①　　**4** ④—②

✏マーク欄
① ② ③ ④

LESSON 12　やってみよう！1の答え ❶公園に行く，バドミントンをする ❷ハンバーガー屋さんに行く
やってみよう！2の答え ❶B ❷A ❸C　やってみよう！3の答え ❶C ❷A ❸B

70

♪ リスニング

イラストを見ながら英文と応答を聞いて，適切な応答を 1 ～ 3 から選び
ましょう。

3
MP3 アプリ
67

4
MP3 アプリ
68

会話と質問を聞いて，その答えを 1 ～ 4 から選びましょう。

MP3 アプリ
69

5
1 $0.50.　　　　　**2** $1.00.

3 $1.50.　　　　　**4** $3.00.

⇒答えは72ページにあります。

※プチ予想問題の訳

✎ 筆記

1 訳 ▶ A：美術館に行きましょう。美しい絵を見ることができます。

B：そうしましょう。

1　いいえ，しません。　　　　　　　2　どういたしまして。
3　私は写真をとることができません。　4　そうしましょう。

2 正しい文 ▶ Please (don't run in the classroom).

♪ リスニング

3 放送文 ▶ It's time for lunch. Wash your hands.

1　Here it is.　　　2　OK, Mom.　　　3　Me, too.

放送文の訳 ▶ 昼食の時間よ。手を洗いなさい。

1　ここにあるよ。　2　分かったよ，お母さん。　3　ぼくもだよ。

4 放送文 ▶ Please have some sandwiches.

1　It's here.　　　2　Thank you.　　　3　I'm coming.

放送文の訳 ▶ サンドイッチをどうぞ。

1　ここにあります。　2　ありがとうございます。　3　今，行きます。

5 放送文 ▶ ☆：Let's buy some ice cream.

★：Yes, let's. It is one dollar and fifty cents.

Question : How much is the ice cream?

放送文の訳 ▶ ☆：アイスクリームを買いましょう。

★：そうしましょう。それは1ドル50セントです。

質問：アイスクリームは，いくらですか。

選択肢の訳 ▶ 1　50セント。　2　1ドル。　3　1ドル50セント。　4　3ドル。

泳ぐのは好きですか

「あなたは泳ぎに行くことはありますか」「泳ぐことは
好きですか」 こんなことをお友達にたずねる表現を
勉強しましょう。

⇒訳は83ページにあります。

やってみよう！1 ⇒答えは74ページ

お休みの日にいつも何をするか，色々な人が話していますよ。それぞれ，どの人が言っているのでしょうか。**A** ～ **D** から，当てはまる人を選びましょう。

1 I go skating.

答え

2 I go hiking.

答え

3 I go shopping.

答え

4 I go swimming.

答え

A

B

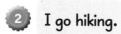

C

D

やってみよう! 2

あなたの好きなことは何ですか。次の文の中から, あなたに当てはまるものを選んで, ☆に色をぬりましょう。

☆ I like playing soccer.

☆ I like playing baseball.

☆ I like swimming.

☆ I like skiing.

☆ I like reading books.

☆ I like reading comic books.

☆ I like singing.

☆ I like listening to music.

☆ I like studying.

☆ I like cooking.

当てはまるものがありましたか。声に出して言ってみましょう。

やってみよう! 3

お休みの日にあなたがすることを教えてください。次の中から, それぞれあなたに当てはまるものを選んで, ○を付けましょう。always は「いつも」, often は「よく」, sometimes は「時々」です。○を付けたものを声に出して言ってみましょう。

1
( ) I always go shopping.
( ) I often go shopping.
( ) I sometimes go shopping.
( ) I don't go shopping.

2
( ) I always go swimming.
( ) I often go swimming.
( ) I sometimes go swimming.
( ) I don't go swimming.

3
( ) I always go fishing.
( ) I often go fishing.
( ) I sometimes go fishing.
( ) I don't go fishing.

4
( ) I always go camping.
( ) I often go camping.
( ) I sometimes go camping.
( ) I don't go camping.

> 💮 I like ~ing. は, I like swimming. や I like cooking. のように,「～することが好きです」という意味です。
>
> 💮 I go ~ing. は, I go skiing. や I go fishing. のように,「～をしに行きます」という意味ですね。

イチ 予想問題にチャレンジ!

✏ 筆記

（　）に入るものを **1 ～ 4** から選びましょう。

選んだ番号を
ぬりつぶしま
しょう。

① I like （　　　　　） Japanese food.

1 watching　　**2** singing　　**3** playing　　**4** eating

② *Girl 1 :* I like cooking.

Girl 2 : （　　　　　） I cook with my mom every weekend.

1 Yes, let's.　　　　　**2** No, I don't.

3 Me, too.　　　　　　**4** Have a nice weekend.

①～④を並べかえて, ▭ の中に入れましょう。1番目と3番目にくるものの組合せを **1 ～ 4** から選びましょう。

③ 私は, 冬によくスキーに行きます。

（ ① winter　② go　③ in　④ skiing ）

I often ▭ ▭ ▭ ▭ .

（1番目）　　（3番目）

1 ②—④　　**2** ②—③　　**3** ④—③　　**4** ③—①

リスニング

会話と質問を聞いて, その答えを 1 ～ 4 から選びましょう。

4

MP3 **アプリ**
73

1 The girl.　　　　2 The girl's father.

3 The boy.　　　　4 The boy's father.

選んだ番号を
ぬりつぶしま
しょう。

マーク欄
① ② ③ ④

3つの英文を聞き, イラストの内容を表しているものを1つ選びましょう。

5

MP3 **アプリ**
74

マーク欄
① ② ③

※プチ予想問題の訳　　　　⇒答えは78ページにあります。

 筆記

1 訳 ▶ 私は, 日本料理を食べることが好きです。
　　　1 見ること　　2 歌うこと　　3 遊ぶこと　　4 食べること

2 訳 ▶ 女の子1：私は, 料理をすることが好きです。
　　　女の子2：私もです。私は, 毎週末, お母さんといっしょに料理をします。
　　　1 はい, そうしましょう。　　　2 いいえ, 私は, しません。
　　　3 私もです。　　　　　　　　4 良い週末を。

3 正しい文 ▶ I often (go skiing in winter).

 リスニング

4 放送文 ▶ ☆：I like fishing very much. Do you often go fishing?
　　　★：My father sometimes goes fishing, but I don't.
　　　Question：Who sometimes goes fishing?
　　放送文の訳 ▶ ☆：私は, つりをすることがとても好きです。あなたは, よくつりをしに行きますか。
　　　★：ぼくの父は, 時々つりをしに行きますが, ぼくは行きません。
　　　質問：だれが, 時々つりをしに行きますか。
　　選択肢の訳 ▶ 1 女の子。　　2 女の子のお父さん。　　3 男の子。　　4 男の子のお父さん。

5 放送文 ▶ 1 Ken's family likes swimming.　　2 Ken's family likes dancing.
　　　3 Ken's family likes skating.
　　放送文の訳 ▶ 1 ケンの家族は, 泳ぐことが好きです。
　　　2 ケンの家族は, ダンスをすることが好きです。
　　　3 ケンの家族は, スケートをすることが好きです。

動作を表す語

Do you like cookies, Yutaka?
ユタカ, クッキーは好き?

wash 洗う

open 開ける

cook 調理する

eat 食べる

drink 飲む

make 作る

sleep ねむる

I like cookies very much!!
ぼくはクッキーが大好きです!!

get up 起きる

run 走る

go to school 学校に行く

study 勉強する

go to bed ねる

go home 家に帰る

use 使う

speak 話す

動画は
コチラ！

様子を表す語

short 背が低い

tall 背が高い

thirsty
のどがかわいている

new 新しい

old 古い

hot 暑い

long 長い

cold
寒い

big 大きい

fast 速い

beautiful 美しい

small 小さい

short 短い

slow おそい

天気を表す語

snowing
雪が降っている

It's snowing!
雪が降っているよ！

cloudy
くもっている

sunny
晴れている

raining
雨が降っている

How is the weather today?
今日の天気はどう？

LESSON 1〜13 全訳

LESSON 1 教えて,あなたのこと (1)

やってみよう!1
MP3 アプリ 3

ユタカ こんにちは! ぼくは, ユタカです。あなたの名前は何ですか。

ジェニー 私は, ジェニーです。はじめまして。

ユタカ はじめまして。

ジェニー 私は, アメリカ出身です。あなたは, どうですか。

ユタカ ぼくは, 日本出身です。

ぼくは, ユタカです。
ぼくは, 11才です。
ぼくは, 日本出身です。
ぼくは, 横浜に住んでいます。
ぼくは, (小)学生です。
ぼくは, サッカークラブに入っています。

私は, ジェニーです。
私は, 10才です。
私は, アメリカ出身です。
私は, 横浜に住んでいます。
私は, (小)学生です。
私は, 料理クラブに入っています。

やってみよう!2
MP3 アプリ 4

あなたの名前は, 何ですか。
あなたは, 何才ですか。
あなたは, どこの出身ですか。
あなたは, どこに住んでいますか。
あなたは, (小)学生ですか。
あなたは, 何クラブに入っていますか。

やってみよう!3
MP3 アプリ 5

ぼくは, 男の子です。
あなたは, 強いですか。
はい, 強いです。
あなたは, 日本出身ですか。
はい, そうです。
ぼくには, 友達が3びきいます。
犬, サル, 鳥です。

あなたは, だれですか。

LESSON 2 教えて,あなたのこと (2)

やってみよう!1
MP3 アプリ 7

❶ **ジェニー** あなたは, マンガ本を持っていますか。

ユタカ はい。ぼくは, たくさんのマンガ本を持っています。

ジェニー わあ!

❷ **ジェニー** あなたは, シンデレラの物語を知っていますか。

ケイコ もちろんです。私は, それがとても好きです。

ジェニー 私もです。

❸ **ジェニー** あなたは, ペットを飼っていますか。

ケイコ いいえ, 私は飼っていません。あなたは, どうですか, ジェニー。

ジェニー 私は, 犬1ぴきと鳥3羽を飼っています。

やってみよう!2
MP3 アプリ 8

❶ **ジェニー** 私は, チョコレートアイスクリームが好きです。あなたは, どうですか, ケイコ。

ケイコ 私は, ストロベリーアイスクリームが好きです。あなたは, どうですか。

❷ **ユタカ** あなたは, お茶が欲しいですか。

ジェニー はい, お願いします。

ユタカ はい, どうぞ。あなたはどうですか, ケイコ。

ケイコ いいえ, 結構です。

ユタカ 分かりました。あなたはどうですか。あなたは, お茶が欲しいですか。

やってみよう!3
MP3 アプリ 9

私は, アフリカに住んでいます。
私は, 黒と白の体をしています。
私は, 草を食べます。
あなたは, とても速く走りますか。
はい, 走ります。
あなたは, だれですか。

LESSON 3 友達や家族の話をしよう（1）

やってみよう！1
MP3 アプリ 13

ジェニー こちらは, ケイコよ。かの女は, 10才。かの女は, 音楽クラブに入っているわ。

クラークさん はじめまして, ケイコ。

ケイコ はじめまして, クラークさん。

ジェニー こちらは, ユタカよ。かれは, 11才。かれは, サッカークラブに入っているわ。

クラークさん はじめまして, ユタカ。

ユタカ はじめまして, クラークさん。

やってみよう！2
MP3 アプリ 14

❶**ジェニー** 私の部屋によようこそ。

ユタカ ああ, あなたの部屋はすてきですね。

ジェニー ありがとう。

ユタカ これらの絵もすてきですね。

❷**ユタカ** これは, バイオリンですか。

ジェニー いいえ, ちがいます。それは, ギターです。

ユタカ それは, あなたのものですか。

ジェニー いいえ。それは, 私の兄[弟]のです。

❸**ケイコ** あなたの犬はかわいいですね！ それは, 女の子ですか。

ジェニー はい。かの女の名前は, チェリーです。

ケイコ そして, あなたの鳥は, 美しいですね！ それらは, カナリアですか。

ジェニー はい, そうです。それらは, 上手に歌います。

やってみよう！3
MP3 アプリ 15

それは, 果物です。それは, 黄色です。
それは, バナナではありません。
それは, 酸っぱいですが, グレープフルーツではありません。
それは, 何ですか。

LESSON 4 友達や家族の話をしよう（2）

やってみよう！1
MP3 アプリ 17

クラークさん ケイコとユタカは, アイスクリームが好きかしら？

ジェニー ええ, そうよ。かれらは, ストロベリーアイスクリームが好きよ。

クラークさん 良かった。私は, ストロベリーアイスクリームを持っているわ。

ジェニー でも, 私は, チョコレートアイスクリームが好きよ。

クラークさん ええ, 知っているわ。私は, チョコレートアイスクリームも持っているわよ。

ジェニー それは, 良かったわ！

クラークさん あなた達は, これらのドーナッツも欲しいかしら？

ジェニー ええ, お願い。私達は, ドーナッツが大好きよ。

やってみよう！2
MP3 アプリ 18

❶**ユタカ** あなたのお父さんは, 何かスポーツをしますか。

ジェニー はい。かれは, 野球がとても上手です。

❷**ユタカ** あなたのお兄さんはバイオリンをひきますか。

ジェニー いいえ, ひきません。かれはギターとピアノをひきます。

やってみよう！3
MP3 アプリ 19

それは, たくさんの歯があります。
それは, 黒と白の歯があります。
それは, 大きな体をしています。
あなたは, それを音楽室で見ます。
それは, 何ですか。

LESSON 5 何をしているの？

やってみよう！1
MP3 アプリ 23

❶私は, 歩いていません。私は, ピアノをひいています。
❷私は, 泳いでいません。私は, 走っています。
❸私は, 飛んでいません。私は, 落ちています！

やってみよう！2
MP3 アプリ 24

❶**クラークさん** ジェニー！（勉強しているのかしら？）

ジェニー いいえ, ちがうわ。

クラークさん 何をしているの？

ジェニー 私は, 本を読んでいるわ。

❷**クラークさん** あなたのお父さんは, どこかしら？

ジェニー かれは, 居間にいるわ。

クラークさん　（かれは, テレビを見ているの?）

ジェニー　ええ。かれは, 野球の試合を見ているわ。

❸ クラークさん　（ユタカとケイコは, チェリーといっしょに遊んでいるのかしら?）

ジェニー　いいえ, かれらは, かの女といっしょに遊んでいないわ。

クラークさん　かれらは, 何をしているの?

ジェニー　かれらは, 鳥を見ているわ。

やってみよう! 3 MP3 アプリ 25

❶ ユタカ　クラークさんは, 夕食を作っていますか。

ケイコ　はい, かの女は夕食を作っています。

ユタカ　ジェニーは, クラークさんを手伝っていますか。

あなた　はい, かの女は, かの女を (手伝っています)。

❷ ケイコ　クラークさんとジェニーは, お皿を洗っていますか。

ユタカ　いいえ。かの女らは, 夕食を食べています。

ケイコ　かの女らは, ほほ笑んでいますか。

あなた　はい, かの女らは, (ほほ笑んでいます)。

LESSON 6　できるかな?

やってみよう! 1 MP3 アプリ 28

❶ それは, 料理をすることができます。

❷ それは, 英語を話すことができます。

❸ それは, 私の宿題をすることができます。

❹ それは, 家をそうじすることができます。

例:それは, お皿を洗うことができます。

やってみよう! 2 MP3 アプリ 29

❶ ユタカ　ぼくは, サッカーができます。あなたは, サッカーができますか。

あなた　はい, できます。／いいえ, できません。

❷ ケイコ　私は, コーヒーを飲めません。あなたは, コーヒーを飲めますか。

あなた　はい, 飲めます。／いいえ, 飲めません。

やってみよう! 3 MP3 アプリ 30

❶ ケイコ　あなたは, 料理ができますか。

ジェニー　私は, 料理が得意です。(私は, サンドイッチとケーキを作ることができます)

ケイコ　それは, すごいですね!

❷ ユタカ　あれらの鳥を見てください。それらは, キウイです。

ジェニー　キウイ? それらは, 飛べますか。

ユタカ　いいえ。(それらは, 飛べません)

❸ ジェニー　チェリーは, ボールを取ることができます。

ケイコ　わあ。かの女は, かしこいですね。かの女は, とても速く走ることができますか。

ジェニー　はい, できます。(かの女は, とても上手に泳ぐこともできます)

LESSON 7　いいですか／お願いします

やってみよう! 1 MP3 アプリ 32

❶ ジェニー　明日, 私の家に来てくれますか。

❷ ジェニー　ケチャップを取ってくれますか。

❸ ジェニー　チェリーを散歩に連れて行ってくれますか。

やってみよう! 2 MP3 アプリ 33

❶ ユタカ　ぼくは, のどがかわいています。(水を1ぱいもらえますか)

ジェニー　もちろんです。はい, どうぞ。

ユタカ　ありがとう。

❷ ジェニー　お母さん, 私達は, バドミントンがしたいな。(私達は, 公園へ行ってもいいかしら?)

クラークさん　もちろんよ。楽しんできてね。

ジェニー　ありがとう。

❸ ケイコ　私達は, ここではバドミントンができません。

ユタカ　あーあ。(ぼく達は, サッカーはできますか)

ケイコ　いいえ, できません!

やってみよう! 3 MP3 アプリ 34

❶ ユタカ　ぼくは, 川で泳いでもいいですか。

あなた　いいえ。あなたは川で泳いでは (いけません)。

❷ ユタカ　ぼくは, ここで歌ってもいいですか。

あなた　いいえ。あなたはここで歌っては (いけません)。

LESSON 8　聞きたいこと，色々あるよ（1）

やってみよう！1　MP3 アプリ 39

ユタカ　やあ，ジェニー。

ジェニー　やあ。あなた達は，何をしているのですか。

ユタカ　ぼく達は，このふくろを見ています。

ジェニー　うーん…それは，何ですか。

ケイコ　それを開けてみましょう。

・・・・・・・・・・・・・・・・・・・・・・・・・・・・・・・

ケイコ　それは，箱です！

ジェニー　その箱には何が入っていますか。

ユタカ　それを開けてみましょう。

・・・・・・・・・・・・・・・・・・・・・・・・・・・・・・・

ケイコ　貝がらです！ それらはきれいですね。

ジェニー　どの貝がらが好きですか，ユタカ。

ユタカ　ぼくは，この大きいのが好きです！

やってみよう！2　MP3 アプリ 40

❶ **ユタカ**　ピザが欲しいですか。

　ケイコ　いいえ，欲しくありません。

　ユタカ　スパゲッティが欲しいですか。

　ケイコ　いいえ，欲しくありません。

　ユタカ　では，（何が欲しいのですか）

　ケイコ　私は，ハンバーガーが欲しいです。

❷ **ジェニー**　ユタカ，（何のスポーツが好きですか）

　ユタカ　ぼくは，サッカーが好きです。あなたはどうですか，ジェニー。

　ジェニー　私は，バドミントンが好きです。

やってみよう！3　MP3 アプリ 41

ユタカ　あなたは，何をしているのですか。

ジェニー　（私は，サンドイッチを作っています）

ユタカ　わあ！ ぼくは，サンドイッチが大好きです。

ジェニー　良かった。あなたは，何を飲みたいですか。

ユタカ　（牛乳が飲みたいです）

ジェニー　ごめんなさい，今日は牛乳はありません。でも，グレープジュースとオレンジジュースならあります。グレープジュースとオレンジジュースのどちらがいいですか。

ユタカ　（オレンジジュースをください）

LESSON 9　聞きたいこと，色々あるよ（2）

やってみよう！1　MP3 アプリ 44

ケイコ　これは，大きいポスターですね！ これは，だれですか。

ユタカ　かれは，サンディ・ベイリーです。ぼくは，かれがとても好きです。

ジェニー　そして，これは，だれですか。

ユタカ　かれは，ケリー・トーマスです。かれは，すばらしいゴールキーパーです。

・・・・・・・・・・・・・・・・・・・・・・・・・・・・・・・

ジェニー　これは，だれのサッカーボールですか。

ユタカ　それは，ぼくのです。見て。そこに，サインがあります。

ジェニー　わあ！ それは，だれのサインですか。

ユタカ　ベイリーのです。このボールは，ぼくの宝物です。

やってみよう！2　MP3 アプリ 45

❶ **ジェニー**　お母さん，私は，このTシャツが欲しいな。

　クラークさん　それは，いくらかしら。

　ジェニー　それは，1,500円よ。

❷ **クラークさん**　天気は，どうかしら。

　ジェニー　今日は，雨が降っているわ。

❸ **ユタカ**　あなたのお兄〔弟〕さんは，背がとても高いですね。かれは，どのくらい背が高いですか。

　ジェニー　かれの身長は，180センチメートルです。

やってみよう！3　MP3 アプリ 46

❶ **ケイコ**　ジェニー，あなたは，いくつぼうしを持っていますか。

　ジェニー　私は，ぼうしを2つ持っています。私は，黒いぼうしと赤いぼうしを持っています。

　ケイコ　あなたは，どうですか。あなたは，ぼうしを持っていますか。あなたは，いくつぼうしを持っていますか。

❷ **ユタカ**　ジェニー，あなたは，どうやって学校に行きますか。

　ジェニー　私は，バスで学校に行きます。

　ユタカ　あなたは，どうですか。あなたは，どうやって学校に行きますか。

81

やってみよう！1 MP3 アプリ 51

① ジェニー　あなたは，次の水曜日に私の家に来られますか。

ユタカ　ごめんなさい，行けません。ぼくは，毎週水曜日にサッカーを練習します。

ジェニー　あなたは，木曜日に来られますか。

ユタカ　ごめんなさい。ぼくは，毎週木曜日にもサッカーを練習します。

ジェニー　あなたは，何曜日にサッカーの練習をするのですか。

ユタカ　ぼくは，毎週月曜日と水曜日と木曜日にサッカーを練習します。ぼくは，毎週日曜日にもサッカーをします。

ジェニー　ユタカ，あなたは本当にサッカーが好きですね！

· ·

あなたは，いつ英語を勉強しますか。
あなたは，いつ算数を勉強しますか。
あなたは，いつ体育がありますか。

② ジェニー　うーん…私は，ねむいです。

ケイコ　あなたは，たいてい何時にねますか。

ジェニー　私は，9時にねます。

ケイコ　あなたは，何時に起きますか。

ジェニー　私は，6時に起きます。

· ·

あなたは，何時にねますか。
あなたは，何時に起きますか。

やってみよう！2 MP3 アプリ 52

① 今日は，何日ですか。
　　今日は，8月8日です。
② 今日は，何曜日ですか。
　　今日は，木曜日です。
③ 何時ですか。
　　10時です。

やってみよう！3 MP3 アプリ 53

① コンサートは，何時に始まりますか。
　　それは，（12時30分）に始まります。
② ケイコの誕生日は，いつですか。
　　それは，（11月11日）です。

やってみよう！1 MP3 アプリ 57

ジェニー　お母さん，パンはどこにあるの？

クラークさん　それは，テーブルの上にあるわよ。

ジェニー　チーズはどこにあるの？

クラークさん　それも，テーブルの上にあるわよ。

ジェニー　卵はどこにあるの？

クラークさん　それらは，なべの中にあるわよ。

ジェニー　バターはどこにあるの？

クラークさん　それは，冷蔵庫の中にあるわよ。

ジェニー　マヨネーズは，どこにあるの？

クラークさん　あら，それは，新聞紙の下にあるわよ。

ジェニー　私のエプロンは，どこにあるの？

クラークさん　それは，いすの上にあるわよ。

ジェニー　ありがとう。これで，私はサンドイッチを作ることができるわ！

やってみよう！2 MP3 アプリ 58

ケイコ　やあ，ジェニー！

ジェニー　こんにちは，ケイコ！　あなたは，この町に住んでいるのですか。

ケイコ　はい，そうです。

ジェニー　あなたの家は，どこにありますか。

ケイコ　私の家は，公園のそばにあります。あなたは，どこへ行くところですか。

ジェニー　私は花が欲しいです。花屋はどこにありますか。

ケイコ　それは，あそこにあります，私の家の近くです。いっしょに行きましょう。

ジェニー　まあ，ありがとう。

· ·

① ケイコの家は，どこにありますか。
② ジェニーは，どこへ行くところですか。

やってみよう！3 MP3 アプリ 59

① **ユタカ**　ぼく達は，ここで本を読むことができます。ぼくは，サッカーについての本を読んでいます。

　　かれは，どこにいますか。　かれは，（図書館にいます）。

② **ケイコ**　私は，私のおばあさんの家に電車で行くところです。電車は，もうすぐ来ます。

　　かの女は，どこにいますか。　かの女は，（駅にい

ます）。

LESSON 12　いっしょに行きましょう

やってみよう！1　MP3 アプリ 64

ユタカ　公園に行きましょう。そこで, バドミントンをしましょう。

ジェニー　私達は, 今日はバドミントンをすることができません。風が強過ぎます。

ユタカ　では, ドッジボールをしましょう。

ケイコ　私は, ドッジボールをしたくありません。私は, おなかがすいています。

ユタカ　分かりました。アイスクリーム屋さんに行きましょう。

ジェニー　私は, 今アイスクリームを食べたくありません。寒過ぎます。

ユタカ　では, ハンバーガー屋さんに行きましょう。

ケイコ　良い考えですね！

やってみよう！2　MP3 アプリ 65

（図書館では）話さないでください。／食べないでください。

（学校のろう下では）走らないで。／ボールを投げないで。

❶ 写真をとらないで。
❷ 泳がないで。
❸ 電話を使わないで。

やってみよう！3　MP3 アプリ 66

❶ 私は, ねむいです。
　（起きなさい！）
❷ 私の手は, きたないです。
　（手を洗いなさい）
❸ 寒いです。
　（セーターを着なさい）

LESSON 13　泳ぐのは好きですか

やってみよう！1　MP3 アプリ 70

❶ 私は, スケートをしに行きます。
❷ 私は, ハイキングをしに行きます。
❸ 私は, 買い物をしに行きます。

❹ 私は, 泳ぎに行きます。

やってみよう！2　MP3 アプリ 71

私は, サッカーをするのが好きです。
私は, 野球をするのが好きです。
私は, 泳ぐのが好きです。
私は, スキーをするのが好きです。
私は, 本を読むのが好きです。
私は, マンガ本を読むのが好きです。
私は, 歌うのが好きです。
私は, 音楽を聞くのが好きです。
私は, 勉強するのが好きです。
私は, 料理をするのが好きです。

やってみよう！3　MP3 アプリ 72

❶ 私は, いつも買い物をしに行きます。
　私は, よく買い物をしに行きます。
　私は, 時々買い物をしに行きます。
　私は, 買い物をしに行きません。
❷ 私は, いつも泳ぎに行きます。
　私は, よく泳ぎに行きます。
　私は, 時々泳ぎに行きます。
　私は, 泳ぎに行きません。
❸ 私は, いつもつりをしに行きます。
　私は, よくつりをしに行きます。
　私は, 時々つりをしに行きます。
　私は, つりをしに行きません。
❹ 私は, いつもキャンプをしに行きます。
　私は, よくキャンプをしに行きます。
　私は, 時々キャンプをしに行きます。
　私は, キャンプをしに行きません。

アルファベットのちがいを知ろう！

この本のレッスンではブロック体という書体を使っていますが，
本番の試験では活字体という書体が使われています。予想問題では
本番の試験に合わせて活字体を使用しているので，ちがいを見ておきましょう。
同じアルファベットでも， が付いているものは書体によって形が特にちがうので注意しよう。

活字体

A a　B b　C c　D d　E e　F f　G g

H h　I i　J j　K k　L l　M m　N n

O o　P p　Q q　R r　S s　T t　U u

V v　W w　X x　Y y　Z z

ブロック体

A a　B b　C c　D d　E e　F f　G g

H h　I i　J j　K k　L l　M m　N n

O o　P p　Q q　R r　S s　T t　U u

V v　W w　X x　Y y　Z z

予想問題

| 筆記 25問 | リスニング 25問 |

⇒答え・訳・解説は94ページにあります。

本番と同じ形式・同じ量の予想問題です。
LESSON 1～13で学習した成果を確認しましょう！
付属のマークシート, もしくは「自動採点サービス」の
オンラインマークシートを使って解きましょう。

●付属のマークシートで解答する場合

実際の試験では問題冊子と解答用紙（マークシート）が配られます。答えは解答用紙にマークしないと採点されないので, この本の巻頭にある解答用紙を切りはなして使い, 実際の試験と同じ状きょうで「予想問題」を解いて慣れておきましょう！

マークのしかた
※2と答える場合

解　答　欄				
問題番号	1	2	3	4
(1)	①	●	③	④
(2)	①	②	③	④

●「自動採点サービス」で解答する場合

オンラインマークシートにアクセスして解答すると, 結果が自動採点されるので簡単に答え合わせができます。また, リスニングの音声も再生することができます。下記の2つの方法でアクセスが可能です。

➡スマートフォン／タブレット
右の2次元コードを読み込んでアクセスし, 「問題をはじめる」ボタンを押して試験を始めてください。

➡パソコン／スマートフォン／タブレット共通
6ページに掲載の「ウェブ特典」にアクセスし, 「自動採点サービスを使う」を選択してご利用ください。

ここまで
よくがんばったね！

次の (1) から (15) までの（　　　）に入れるのに最も適切なものを 1, 2, 3, 4 の中から一つ選び, その番号のマーク欄をぬりつぶしなさい。

(1) A : Does this bus go (　　　) the station to the hospital?

B : Yes, it does.

1 over　　　　**2** by　　　　**3** from　　　　**4** at

(2) Don't (　　　) pictures in this museum.

1 take　　　　**2** have　　　　**3** play　　　　**4** use

(3) A : Peter, (　　　) is that little boy?

B : He's Ted's brother.

1 when　　　　**2** where　　　　**3** how　　　　**4** who

(4) A : Excuse me. Where is Mr. Smith?

B : He is (　　　) the classroom.

1 in　　　　**2** under　　　　**3** on　　　　**4** to

(5) I like (　　　) movies at home.

1 drinking　　**2** jumping　　**3** watching　　**4** reading

(6) A : That girl has beautiful flowers. Do you know (　　　)?

B : Yes. She is my sister, Susan.

1 hers　　　　**2** him　　　　**3** her　　　　**4** she

(7) A : John, it's very windy today. Please (　　　) the window.

B : All right.

1 close　　　　**2** closing　　　**3** closes　　　**4** closed

(8) A : When do you usually play tennis?

B : I usually play tennis (　　　) Sundays.

1 at　　　　**2** on　　　　**3** in　　　　**4** under

(9)   *A :* Mom, I'm (   ).

  B : OK, Ken. Let's have some pizza.

  1 sleepy   **2** happy   **3** angry   **4** hungry

(10)   *A :* Where is my camera, Tom?

  B : It's over (   ), Dad. It's on the table.

  1 this   **2** there   **3** then   **4** that

(11)   *A :* I want this pen. (   ) much is it?

  B : It's 150 yen.

  1 What   **2** When   **3** Where   **4** How

(12)   *A :* Can you (   ) English well?

  B : Yes, I can.

  1 study   **2** speak   **3** play   **4** drink

(13)   *A :* Mark is playing the (   ).

  B : He is a very good player.

  1 guitar   **2** fruit   **3** shirt   **4** cellphone

(14)   *A :* Your cat is pretty! Is it a (   )?

  B : Yes. Her name is Kathy.

  1 girl   **2** song   **3** cap   **4** dog

(15)   *A :* Can you (   ) to my house next Monday?

  B : I'm sorry, I can't.

  1 cook   **2** come   **3** want   **4** take

次の *(16)* から *(20)* までの会話について, (　　　) に入れるのに最も適切なものを **1, 2, 3, 4** の中から一つ選び, その番号のマーク欄をぬりつぶしなさい。

(16) **Boy 1 :** (　　　)

Boy 2 : It's not mine. It's Ken's.

1 Who is this?　　　　　**2** Where is the jacket?

3 What is this?　　　　　**4** Whose jacket is this?

(17) **Girl 1 :** Is that lady your mother?

Girl 2 : No. (　　　) She's our English teacher.

1 I'm not studying.　　　　**2** It's in the basket.

3 Her name is Ms. Morris.　**4** I don't like science.

(18) **Boy :** What day of the week is it today?

Mother : (　　　)

1 Sure.　　　　　　　　　**2** Yes, I can.

3 It's very cold today.　　　**4** It's Wednesday.

(19) **Grandfather :** Where do you usually go shopping?

Girl : (　　　)

1 That's great.　　　　　　**2** At the department store.

3 Every Sunday.　　　　　**4** Let's go.

(20) **Teacher :** Do you know the story of Snow White?

Student : (　　　) I like the story.

1 Me, too.　　　　　　　　**2** No, I don't.

3 Of course.　　　　　　　**4** It's okay.

3

次の (21) から (25) までの日本文の意味を表すように ①から④までを並べかえて ☐ の中に入れなさい。そして，1番目と3番目にくるものの最も適切な組合せを 1, 2, 3, 4 の中から一つ選び，その番号のマーク欄をぬりつぶしなさい。※ただし，（　　　）の中では，文のはじめにくる語も小文字になっています。

(21) ケイト，寝る時間ですよ。

(① for 　 ② time 　 ③ it's 　 ④ bed)

Kate, [1番目 ☐] [☐] [3番目 ☐] [☐].

1 ①－④ 　　 **2** ④－② 　　 **3** ③－② 　　 **4** ③－①

(22) ケンは，ピアノがとても上手です。

(① play 　 ② the piano 　 ③ can 　 ④ very well)

Ken [1番目 ☐] [☐] [3番目 ☐] [☐].

1 ③－① 　　 **2** ①－④ 　　 **3** ①－② 　　 **4** ③－②

(23) あなたは，誕生日に何が欲しいですか。

(① for 　 ② you 　 ③ want 　 ④ do)

What [1番目 ☐] [☐] [3番目 ☐] [☐] your birthday?

1 ②－④ 　　 **2** ③－④ 　　 **3** ④－③ 　　 **4** ①－②

(24) あなたの背の高さはどのくらいですか，ベン？

(① you 　 ② how 　 ③ are 　 ④ tall)

[1番目 ☐] [☐] [3番目 ☐] [☐], Ben?

1 ①－③ 　　 **2** ②－③ 　　 **3** ②－④ 　　 **4** ④－②

(25) 私のラケットはドアのそばにあります。

(① the door 　 ② by 　 ③ is 　 ④ my racket)

[1番目 ☐] [☐] [3番目 ☐] [☐].

1 ④－② 　　 **2** ①－② 　　 **3** ④－① 　　 **4** ②－③

Listening Test

第1部

MP3 アプリ
76〜86

例題

No. 1

No. 2

90

No. 3

No. 4

No. 5

No. 6

No. 7

No. 8

No. 9

No. 10

No. 11 **1** Baseball. **2** Soccer.
        3 Basketball. **4** Dodgeball.

No. 12 **1** One. **2** Two.
        3 Three. **4** Four.

No. 13 **1** Next Sunday. **2** March 16th.
        3 May 6th. **4** March 6th.

No. 14 **1** Mika's. **2** Mika's father's.
        3 Mika's mother's. **4** Mika's sister's.

No. 15 **1** Water. **2** Tea.
        3 Juice. **4** Milk.

第3部 MP3 アプリ 93〜103

No. 16

No. 17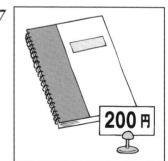

No. 18

No. 19

No. 20

No. 21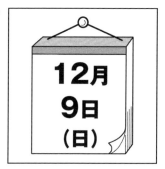

No. 22

No. 23

No. 24

No. 25

正解を赤で示しています。自分の解答と見比べて答え合わせをしましょう。

解答欄				
問題番号	1	2	3	4
(1)	①	②	●	④
(2)	●	②	③	④
(3)	①	②	③	●
(4)	●	②	③	④
(5)	①	②	●	④
(6)	①	②	③	●
(7)	●	②	③	④
(8)	①	●	③	④
(9)	①	②	③	●
(10)	①	●	③	④
(11)	①	②	③	●
(12)	①	●	③	④
(13)	●	②	③	④
(14)	●	②	③	④
(15)	①	●	③	④

（問題番号 1）

解答欄				
問題番号	1	2	3	4
(16)	①	②	③	●
(17)	①	②	③	●
(18)	①	②	③	●
(19)	①	②	③	●
(20)	●	②	③	④
(21)	①	②	③	●
(22)	●	②	③	④
(23)	①	②	③	●
(24)	●	②	③	④
(25)	●	②	③	④

（問題番号 2・3）

リスニング解答欄				
問題番号	1	2	3	4
例題	●	②	③	
No. 1	①	●	③	
No. 2	①	●	③	
No. 3	①	●	③	
No. 4	●	②	③	
No. 5	①	②	●	
No. 6	●	②	③	
No. 7	①	●	③	
No. 8	①	②	●	
No. 9	●	②	③	
No. 10	●	②	③	
No. 11	①	②	●	④
No. 12	①	②	③	●
No. 13	①	●	③	④
No. 14	①	②	③	●
No. 15	①	●	③	④
No. 16	●	②	③	
No. 17	●	②	③	
No. 18	①	●	③	
No. 19	①	●	③	
No. 20	①	②	●	
No. 21	●	②	③	
No. 22	①	●	③	
No. 23	●	②	③	
No. 24	●	②	③	
No. 25	①	②	●	

※ここでは解答が分かりやすいよう赤でぬりつぶしています。

筆記 **1**

問題 86〜87ページ

(1) 答え **3**

A「このバスは駅から病院まで行きますか」
B「はい, 行きます」

1 〜をこえて　　　　　2 〜のそばに
3 〜から　　　　　　　4 〜に

解説 「〜から…まで」と言うときは, from 〜 to … を使います。

(2) 答え **1**

「この美術館では写真をとってはいけません」

1 とる　　　　　　　　2 食べる
3 遊ぶ　　　　　　　　4 使う

解説 「写真をとる」は take pictures と言います。

(3) 答え **4**

A「ピーター, あの小さい男の子は, だれですか」
B「かれは, テッドの弟［お兄］さんです」

1 いつ　　　　　　　　2 どこ
3 どうやって　　　　　4 だれ

解説 Bの人が,「テッドの弟［お兄］さん」と答えているので, Aの人は「あれはだれ?」と聞いていると想像できます。「だれ?」と聞くときは who を使います。

(4) 答え **1**

A「すみません。スミス先生はどこですか」
B「かれは教室にいます」

1 〜の中に　　　　　　2 〜の下に
3 〜の上に　　　　　　4 〜の方へ

解説 in the classroom で「教室の中に」とい

94

う意味です。「～の上に」や「～の下に」など, そのほかの場所を表す表現も覚えておきましょう。

(5) 答え **3**
「私は家で映画を見ることが好きです」
1 飲むこと　　　　2 ジャンプすること
3 見ること　　　　4 読むこと
解説 「映画を」なので, 「見ること」＝watching が正解です。

(6) 答え **3**
A 「あの女の子は, 美しい花を持っています。あなたは, かの女を知っていますか」
B 「はい。かの女は私の姉[妹]のスーザンです」
1 かの女のもの　　　　2 かれを
3 かの女を　　　　　　4 かの女は
解説 代名詞を選ぶ問題です。空欄には That girl「あの女の子」を指す語が入ります。know の後にくるので, her「かの女を」が正解です。

(7) 答え **1**
A 「ジョン, 今日は風がとても強いです。窓を閉めてください」
B 「いいですよ」
解説 Please で始まっているので, たのんでいます。たのんだり命令したりするときは -ing や -s などの付いていない動詞の形を使います。

(8) 答え **2**
A 「あなたはたいてい, いつテニスをしますか」
B 「私はたいてい, 毎週日曜日にテニスをします」
1 (時間を示して)～に　　2 ～に
3 ～の中に　　　　　　　4 ～の下に
解説 「毎週～曜日に」と言うときは, on Sundays のように曜日の前に on を付けます。また, 曜日には s を付けて複数形にすることも覚えておきましょう。

(9) 答え **4**
A 「お母さん, ぼく, おなかがすいたよ」
B 「分かったわ, ケン。ピザを食べましょう」
1 ねむい　　　　　　2 幸せな
3 おこっている　　　4 おなかがすいている
解説 会話形式の問題は, 質問と答えの内容をよく読み取りましょう。ここでは, **B** の人が「ピザを食べよう」と答えているので, **A** の人が「おなかがすいている」ことが分かります。したがって, 正解は **4** です。

(10) 答え **2**
A 「私のカメラはどこだい, トム？」
B 「あそこにあるよ, お父さん。それは, テーブルの上にあるよ。」
1 これ　　　2 (over there で)あそこに
3 そのとき　4 あれ
解説 over there「あそこに」は, 自分から見て離れた位置にあることを表します。

(11) 答え **4**
A 「私は, このペンが欲しいです。それは, いくらですか」
B 「それは, 150 円です」
1 何
2 いつ
3 どこに
4 (How much ～? で) ～はいくら
解説 **B** の人が値段を答えていることに注目します。値段の聞き方は How much is/are ...? です。選択肢の疑問詞はどれもよく出題されるので, それぞれどんな意味か LESSON 8～11 で確認しておきましょう。

(12) 答え **2**
A 「あなたは, 上手に英語を話すことができますか」
B 「はい, 話せます」
1 勉強する　　　　2 話す
3 遊ぶ　　　　　　4 飲む
解説 Can you ～? は「～できますか」という疑問文です。well は「上手に」という意味です。選択肢の中で study も English に自然につながりそうですが, 「上手に勉強できますか」とたずねるのは不自然なので, 正解は **2** です。

(13) 答え **1**
A 「マークは, ギターをひいています」
B 「かれは, とても上手に演奏します」
1 ギター　　　　　　2 果物
3 シャツ　　　　　　4 けい帯電話
解説 play には「遊ぶ」という意味の他に「(楽

器を）演奏する」という意味があります。play the guitar「ギターをひく」, play the piano「ピアノをひく」のように, 楽器には必ず the を付けることも合わせて覚えておきましょう。

(14) 答え 1
A「あなたのネコはかわいいですね！ それは, 女の子ですか」
B「はい。かの女の名前は, キャシーです」
1 女の子　　　　　　　2 歌
3 （ふちなしの）ぼうし　4 犬
解説 問題文をあわてずに読みましょう。**A**の人が cat と言っているので, ネコが話題になっています。**B**の人が Yes. Her name is ～ と答え

(15) 答え 2
A「来週の月曜日に, 私の家に来てくれますか」
B「ごめんなさい, 行けません」
1 料理する　　　　　　2 来る
3 ～が欲しい　　　　　4 ～を取る
解説 Can you ～? は「～できますか」という意味で, ここでは「うちに来られるか」＝「来てくれるか」というさそいの意味です。空欄の後に to があることに注意します。come to ～ で「～に来る」という意味です。

問題 88ページ

(16) 答え 4
男の子1「これはだれの上着ですか」
男の子2「それは, 私のものではありません。それは, ケンのものです」
1 こちらはだれですか。
2 その上着はどこですか。
3 これは何ですか。
4 これはだれの上着ですか。
解説 It's not mine. と答えているので, だれのものかをたずねている選択肢を選びましょう。だれのものかをたずねるときは, whose を使います。

(17) 答え 3
女の子1「あの女の人は, あなたのお母さんですか」
女の子2「いいえ。かの女の名前は, モリス先生です。かの女は, 私達の英語の先生です」
1 私は, 勉強していません。
2 それは, かごの中にあります。
3 かの女の名前は, モリス先生です。
4 私は, 理科が好きではありません。
解説 「あの女の人は, あなたのお母さんですか」と聞かれ, 「いいえ」と答えたら, その人がだれなのか教えてあげるのが自然なので, 答えは 3 です。

(18) 答え 4
男の子「今日は, 何曜日かな?」
お母さん「水曜日よ」

1 もちろんよ。
2 ええ, 私はできるわ。
3 今日は, とても寒いわね。
4 水曜日よ。
解説 What day of the week is it today? は, 曜日を聞く決まった言い方です。このまま覚えてしまいましょう。

(19) 答え 2
祖父「あなたは, たいていどこへ買い物に行くんだい?」
女の子「デパートよ」
1 それは, すごいわね。
2 デパートよ。
3 毎週日曜日よ。
4 行きましょう。
解説 Where は「どこ」という意味です。場所を答えているのは 2 のみです。日本語では「デパート」と言いますが, 英語では department store です。

(20) 答え 3
先生「あなたは, 白雪ひめの物語を知っていますか」
生徒「もちろんです。私は, その物語が好きです」
1 私もです。
2 いいえ, 知りません。
3 もちろんです。

4 それでいいですよ。

解説 2のNo, I don't.「いいえ, 知りません」を入れると, その次の文の「好きです」とうまくつながりません。会話文全体が自然につながるようにするには, 3「もちろんです (知っています)」しか入りません。

筆記 3

(21) 答え 4
正しい文 Kate, (it's time for bed).
解説 It's time for ～ で「～の時間です」という意味です。

(22) 答え 4
正しい文 Ken (can play the piano very well).
解説 「ピアノがとても上手です」を「ピアノをとても上手にひくことができます」と言いかえて考えると, 答えやすいです。

(23) 答え 3
正しい文 What (do you want for) your birthday?
解説 「私は誕生日に～が欲しい」は I want ～ for my birthday. と言います。birthday の他に for Christmas「クリスマスに」もよく使います。

(24) 答え 2
正しい文 (How tall are you), Ben?
解説 How+tall で高さを聞くことができます。How は色々な語とつながって, 色々な疑問文を作ります。How much「いくら」, How many「いくつ」, How old「何才」, How long「どれくらいの長さ」などは代表的なものです。

(25) 答え 1
正しい文 (My racket is by the door).
解説 主語は「私のラケット」なので, My racket で文を始めます。「ドアのそばに」は by the door と表します。

リスニング 第 1 部

[例題] 答え 1
Can your sister sing well?
1 **Yes, she's a good singer.**
2 Nice to meet you.
3 Good idea!
「あなたのお姉 [妹] さんは, 歌が上手ですか」
1 はい, かの女は, 上手な歌い手です。
2 はじめまして。
3 良い考えですね!
解説 「歌が上手ですか」と聞かれています。2 は初対面のあいさつの言葉, 3 は「良い考えですね!」という意味なので, 当てはまりません。

No. 1 答え 2
How old is your brother?
1 It's 700 yen.
2 **He's eleven years old.**
3 I'm from Japan.
「あなたのお兄 [弟] さんは何才ですか」

1 それは, 700 円です。
2 かれは, 11 才です。
3 私は, 日本の出身です。
解説 How old ～? は年れいをたずねるときに使う表現です。答えるときは ～ years old と具体的に年れいを答えます。

No. 2 答え 2
Do you want some sandwiches?
1 It's Sunday.
2 **Yes, please.**
3 Yes, I can.
「あなたは, サンドイッチが欲しいかしら?」
1 日曜日だよ。
2 うん, お願い。
3 うん, ぼくはできるよ。
解説 「欲しいですか」と聞かれて「はい」と答えるときは, Yes. だけでなく, please を付けて Yes, please. と言うとていねいです。

No. 3　答え　2

Can I play the piano now?
1　Sorry, I can't.
2　**Of course.**
3　You're welcome.
「今, ピアノをひいてもいいですか」
1　ごめんなさい, 私は, できません。
2　**もちろんです。**
3　どういたしまして。
解説　Can I 〜? は「〜してもいいですか」とたずねる表現です。答えるときは, No, you can't.「いいえ, いけません」や, Of course.「もちろんです」などと答えます。

No. 4　答え　3

Where is my hat?
1　I'm coming.
2　It's brown.
3　**It's under the chair.**
「私のぼうしは, どこですか」
1　今, 行きます。
2　それは, 茶色です。
3　**それは, いすの下にあります。**
解説　Where は場所を聞く言葉なので, 場所を答えている選択肢を選びます。

No. 5　答え　2

Please use this umbrella.
1　You're welcome.
2　**Thank you.**
3　Have a nice day.
「このかさを使ってください」
1　どういたしまして。
2　**ありがとうございます。**
3　良い一日を。
解説　あわてないで状きょうを考えましょう。かさを貸してくれたので,「ありがとうございます」とお礼を言います。

No. 6　答え　1

What are you doing?
1　**I'm cooking.**
2　No, I can't.
3　It's yours.
「あなたは, 何をしているの?」

1　**私は, 料理をしているよ。**
2　いいや, できないよ。
3　それは, あなたのだよ。
解説　〈be動詞＋動詞のing形〉は「〜している」という意味です。「何をしているの?」とたずねられたので,「〜している」と答えている 1 を選びます。

No. 7　答え　3

Does your sister use a computer?
1　It's white.
2　Yes, it's mine.
3　**No, she doesn't.**
「あなたのお姉 [妹] さんは, コンピューターを使いますか」
1　それは, 白色です。
2　はい, それは私のです。
3　**いいえ, かの女は使いません。**
解説　「あなたは」ではなく「あなたのお姉 [妹] さんは使いますか」と聞かれています。答えとして自然なのは 3 です。だれのことを話しているのか注意して聞くようにしましょう。

No. 8　答え　1

When do you have your karate lessons?
1　**On Thursdays.**
2　It's fun.
3　In the library.
「あなたは, いつ空手のレッスンがありますか」
1　**毎週木曜日です。**
2　それは, 楽しいです。
3　図書館です。
解説　When は「いつ」とたずねる表現なので, 曜日を答えている 1 が正解です。

No. 9　答え　3

Let's go to the bookstore.
1　Don't run.
2　A lot of books.
3　**Sorry, I'm busy today.**
「本屋に行こうよ」
1　走ってはいけないわよ。
2　たくさんの本ね。
3　**ごめんね, 今日はいそがしいの。**
解説　Let's 〜. は「〜しましょう」とさそうとき

に使う表現です。「うん, そうしよう」と答えるときは Yes, let's. や OK. などと答えます。断るときは, Sorry, I can't. などと答えたり, 応じられない理由を述べたりします。

No. 10 答え **1**

Where are you going this afternoon?
1 To the post office.
2 It's sunny today.
3 Me, too.

「あなたは, 今日の午後どこへ行きますか」
1 郵便局です。
2 今日は晴れています。
3 私もです。

解説 Where は「どこ」と場所をたずねる言葉なので, 場所を答えている **1** が正解です。Where are you going? とたずねるのに対して, 答えるときは I am going to ～. と行き先の前に to を付けることに注意しましょう。

リスニング第 **2** 部 ━━━━━━━━━━━━━━━━ MP3 アプリ 87～92 問題 92ページ

No. 11 答え **2**

☆：Which sport do you like, soccer or baseball?
★：I like soccer. I'm the goalkeeper.
Question：Which sport does the boy like?
☆：「あなたは, サッカーと野球, どちらのスポーツが好きですか」
★：「ぼくは, サッカーが好きです。ぼくは, ゴールキーパーです」
質問：「男の子は, どちらのスポーツが好きですか」
1 野球。
2 サッカー。
3 バスケットボール。
4 ドッジボール。
解説 質問までじっくり聞いてから答えます。何のスポーツが話題になっていましたか。

No. 12 答え **4**

☆：How many classes do you have today, Taku?
★：I have four classes today, Ms. Keene.
Question：How many classes does Taku have today?
☆：「今日, あなたはいくつ授業がありますか, タク」
★：「今日, ぼくは4つ授業があります, キーン先生」
質問：「今日, タクはいくつ授業がありますか」
1 1つ。
2 2つ。

3 3つ。
4 4つ。
解説 問題文に数字が出てきたときは, メモしておくとよいでしょう。

No. 13 答え **2**

★：My birthday is next Sunday. How about you, Jane?
☆：My birthday is March 16th.
Question：When is Jane's birthday?
★：「私の誕生日は, 来週の日曜日です。あなたはどうですか, ジェーン？」
☆：「私の誕生日は, 3月16日です」
質問：「ジェーンの誕生日はいつですか」
1 来週の日曜日です。
2 3月16日です。
3 5月6日です。
4 3月6日です。
解説 日付が出てきたときはメモしておきましょう。どちらの人のことを聞かれているのか注意して, 最後までじっくり聞きましょう。

No. 14 答え **4**

★：Mika, is this your violin?
☆：No, it's my sister's.
Question：Whose violin is it?
★：「ミカ, これはあなたのバイオリンですか」
☆：「いいえ, それは私の姉[妹]のです」
質問：「それは, だれのバイオリンですか」
1 ミカの。
2 ミカのお父さんの。
3 ミカのお母さんの。

4 ミカの姉[妹]の。

解説 会話の中で名前を呼びかけているときには, だれとだれが話しているか気をつけて聞くようにします。★の人が相手に「ミカ」と呼びかけているので, 答えている☆の人が「ミカ」です。「ミカ」が my sister's と答えているので, 正解は **4** となります。

No. 15 答え **2**

☆：Yusuke, can I have a cup of tea?
★：OK. Here you are.
Question：What does the girl want to drink?

リスニング 第 **3** 部 ─────────

No. 16 答え **1**

1 Ms. Bell is a doctor.
2 Ms. Bell is a cook.
3 Ms. Bell is a teacher.
1 ベルさんは, 医者です。
2 ベルさんは, コックです。
3 ベルさんは, 教師です。
解説 職業の言い方をいくつ聞き取れましたか。**2** の cook は日本語では「コック」ですね。cook の音は「コック」とはちがうので, 気をつけましょう。

No. 17 答え **1**

1 This notebook is two hundred yen.
2 This notebook is two thousand yen.
3 This notebook is three thousand yen.
1 このノートは, 200円です。
2 このノートは, 2000円です。
3 このノートは, 3000円です。
解説 イラストに値札があるので, 値段についての英文が流れると予想しておきましょう。数字の部分は特に注意して聞きましょう。

No. 18 答え **3**

1 Mr. Baker is eating a carrot.
2 Mr. Baker is washing a carrot.
3 Mr. Baker is cutting a carrot.
1 ベイカーさんは, にんじんを食べています。
2 ベイカーさんは, にんじんを洗っています。

☆：「ユウスケ, カップに1ぱいのお茶をもらえますか」
★：「分かりました。はい, どうぞ」
質問：「女の子は, 何が飲みたいですか」
1 水。
2 お茶。
3 ジュース。
4 牛乳。
解説 放送は2回聞くことができます。1回目で「飲みたい物」が質問されると分かったら, 2回目は会話のその部分に注意して聞き取るようにしましょう。

MP3 アプリ
93~103 問題 92~93ページ

3 ベイカーさんは, にんじんを切っています。
解説 ベイカーさんは包丁を持ってにんじんを切っているところなので, **3** が正解です。

No. 19 答え **2**

1 People can't sit here.
2 People can't eat here.
3 People can't study here.
1 ここに座ってはいけません。
2 ここで食べてはいけません。
3 ここで勉強してはいけません。
解説 食べ物の絵に✕が付いているので, 「食べてはいけません」という意味です。

No. 20 答え **1**

1 Nana's family likes camping.
2 Nana's family likes fishing.
3 Nana's family likes skiing.
1 ナナの家族は, キャンプをすることが好きです。
2 ナナの家族は, つりをすることが好きです。
3 ナナの家族は, スキーをすることが好きです。
解説 つりやスキーをしている様子はありません。テントを張っているので, キャンプをしているところです。

No. 21 答え **1**

1 Today is December 9th.
2 Today is December 19th.
3 Today is November 9th.

1 今日は 12 月 9 日です。
2 今日は 12 月 19 日です。
3 今日は 11 月 9 日です。
解説 カレンダーのイラストがあったら, 日付や曜日の言い方を頭に思いうかべてから放送を聞くようにしましょう。月の名前や曜日の名前はすぐに思い出せるように覚えておきましょう。

No. 22 答え 1

1 The dog has long ears.
2 The dog has a long neck.
3 The dog has long hair.
1 その犬は, 耳が長いです。
2 その犬は, 首が長いです。
3 その犬は, 毛が長いです。
解説 イラストを見て, 犬についての英文が流れると予想しておきましょう。体の部分を表す単語は覚えておきましょう。

No. 23 答え 3

1 Jane goes to school by bus.
2 Jane goes to school by train.
3 **Jane goes to school by bicycle.**
1 ジェーンは, バスで学校に行きます。
2 ジェーンは, 電車で学校に行きます。
3 ジェーンは, 自転車で学校に行きます。

解説 イラストの女の子は自転車に乗っているので 3 を選びます。go to school by 〜 は「〜で学校に行く」という意味で, 通学の交通手段を表す表現です。歩いて行くときは I go to school on foot. や I walk to school. と言います。

No. 24 答え 1

1 **Mr. Clark is reading a book.**
2 Mr. Clark is selling a book.
3 Mr. Clark is writing a book.
1 クラークさんは本を読んでいます。
2 クラークさんは本を売っています。
3 クラークさんは本を書いています。
解説 イラストの男の人は本を読んでいるので, 1 が正解です。

No. 25 答え 3

1 She has a dog.
2 She has a bird.
3 **She has a fish.**
1 かの女は, 犬を飼っています。
2 かの女は, 鳥を飼っています。
3 かの女は, 魚を飼っています。
解説 女の子が魚を見ているので, 3 が正解です。イラストを見ながら, 落ち着いて放送を聞くようにしましょう。

memo ✐

memo ✎